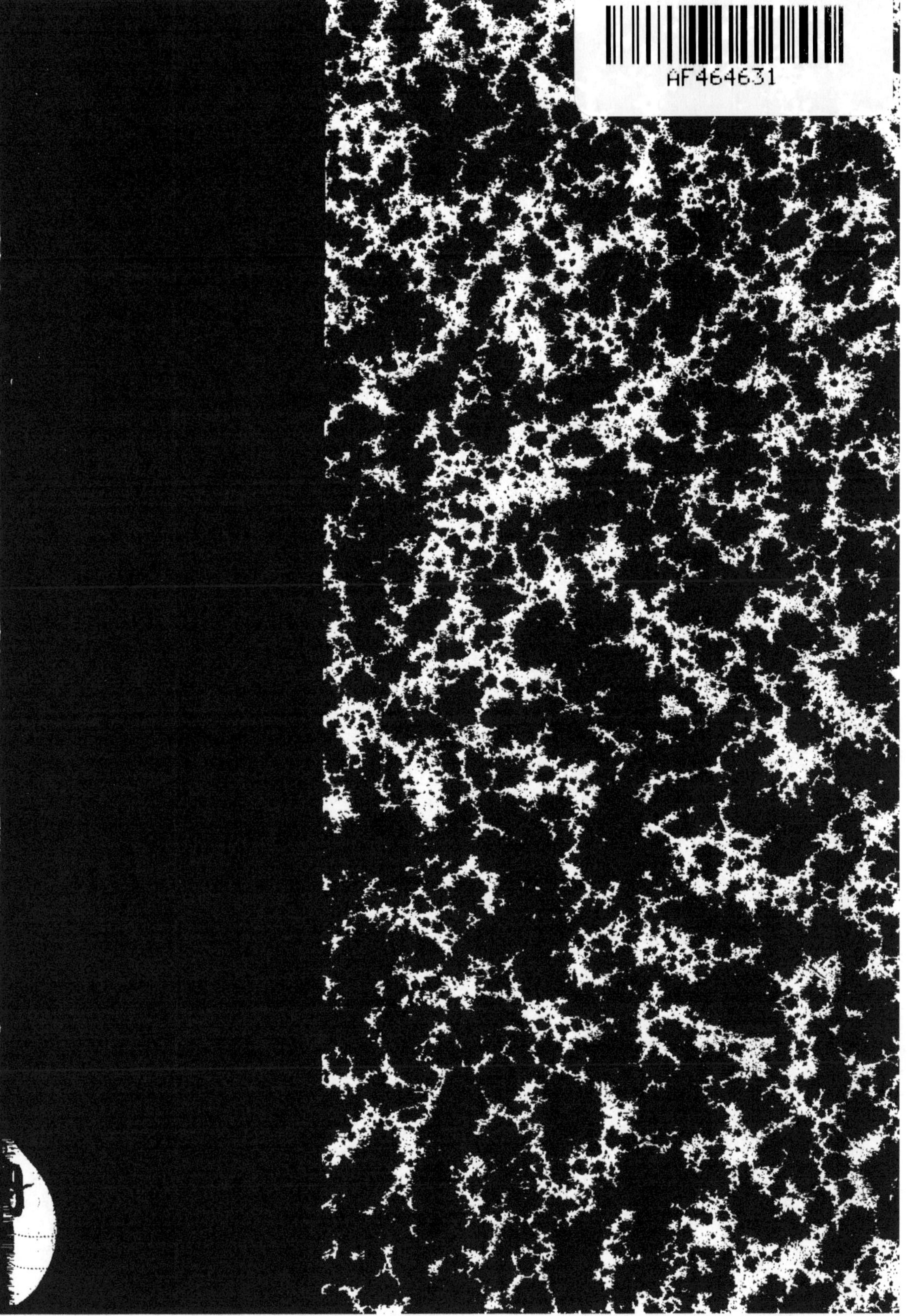
AF464631

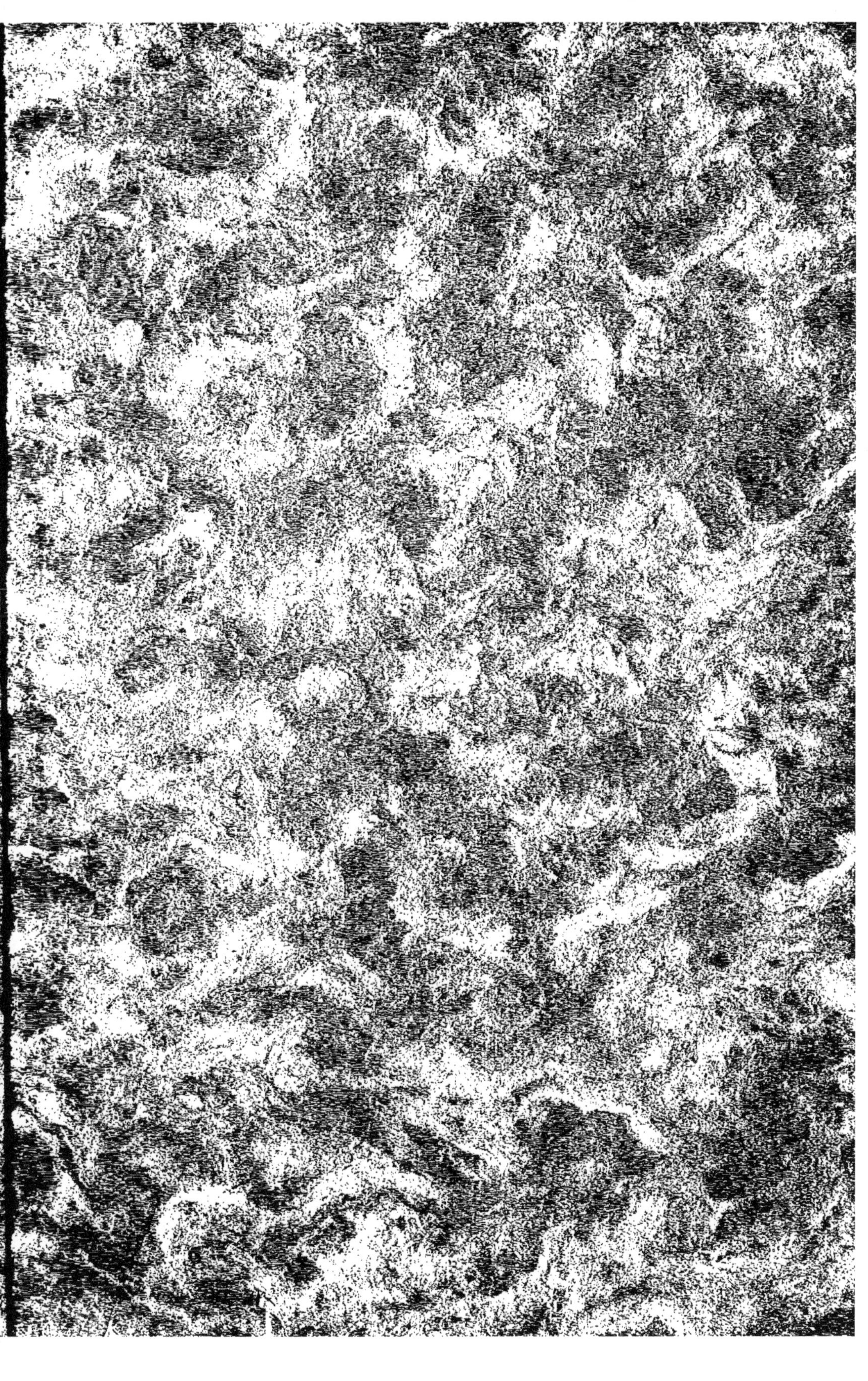

# MAHOMET

ET

# L'ISLAM

ÉTUDE HISTORIQUE

PAR VICTOR IMBERDIS

MAGISTRAT

Officier de l'ordre du Nichan Iftikhar

PHILIPPEVILLE

TYPOGRAPHIE L. DENIS AINÉ,

RUE DU CIRQUE, [illegible]

1887

# MAHOMET

ET

# L'ISLAM

ÉTUDE HISTORIQUE

PAR VICTOR IMBERDIS

MAGISTRAT

Officier de l'ordre du Nichan Iftikhar.

PHILIPPEVILLE

TYPOGRAPHIE L. DENIS AÎNÉ,

RUE DU CIRQUE, 5.

1867

# MAHOMET

ET

# L'ISLAM

## I

L'Orient bouleversé par de nombreuses révolutions a vu, depuis quatre mille ans, de grands peuples paraître avec éclat sur la scène du monde. Mais à peine en retrouvons-nous aujourd'hui quelque vestige, si nous interrogeons les vieux caractères cunéiformes de Persépolis ou ces hiéroglyphes, insolent défi jeté au génie moderne par l'orgueil des Pharaons. Quelques nations cependant, la Chine, l'Inde, sont restées debout : demandez à leurs premiers législateurs la raison de cette immobilité, phénomène extraordinaire dans l'histoire.

La première considération qui s'offre à l'esprit pour l'étonner, a dit un illustre écrivain de nos jours, quand on déplie devant soi une carte du globe pour y faire, s'il est permis de parler ainsi, la géographie des religions, c'est que le petit espace de terre entre le fond de la Méditerranée et les rivages de la mer Rouge, espace presque tout entier occupé par le mont Liban, les collines de la Judée, les montagnes d'Arabie et le désert, ait été le site, le berceau, la scène des trois plus grandes religions adoptées par l'espèce humaine (en exceptant l'Inde et la Chine) : la religion juive, la religion chrétienne et la religion de Mahomet.

On dirait en attachant ses regards sur une mappemonde, que cette petite zône de rochers et de sables entre deux mers limpides et sous des étoiles sereines réfléchit à elle seule plus de divinité que le reste du globe.

# II

L'Arabie est cette vaste péninsule de plus de six cents lieues de longueur qui s'étend de l'Egypte et de la Syrie, entre la mer Rouge, le golfe Persique et l'océan Indien. Aboul-Féda l'avait partagée en six régions : notre géographie moderne, après Ptolémée, l'a divisée en trois parties principales qui révèlent sa configuration physique.

Le Hedjaz ou Arabie pétrée découvre, parallèlement à la mer Rouge, un pays aride et montagneux ; le plateau central forme le Nedjed, et plus loin, du côté des Indes, s'étend cette vaste partie appelée Heureuse ou Yémen. Enfin, de la frontière persane à la Palestine, au milieu de vastes solitudes, quelques oasis sont habitées par des tribus errantes : c'est le désert. Là règne l'*ange de la mort*, le terrible Simoun, vent de feu qui, soulevant avec furie les vagues de cet océan de sable, engloutit la caravane dans un tombeau mouvant.

A l'orient de Moka, le paysage change d'aspect ; l'aridité et le silence ont disparu ; nous entrons dans l'Yémen à la puissante végétation, aux doux ombrages des jardins de Saâna. De nombreux cours d'eau y distribuent la fraîcheur et viennent arroser ces plantes aromatiques tant estimées de notre Europe.

## III

Une capitale de l'Yémen fut cette riche cité qui honora somptueusement la sagesse du grand roi hébreu. « On n'a jamais apporté depuis à Jérusalem tant de parfums que la reine de Saba en donna au roi Salomon (1).

Mais Saba, Palmyre, Ninive et Babylone dorment maintenant au désert, et c'est à peine si quelque marbre mutilé

(1) Rois, lib. III, ch. X, v. 10

vient encore y parler de l'homme et de son néant. L'Arabe passe indifférent sur ces débris muets songeant bien plus au repos de la tente qu'aux monuments des arts et à la cendre des héros!...

Que sont devenues, s'écriait Volney exhalant sur les ruines d'une grande cité de l'Orient son admiration et sa douleur; que sont devenues tant de brillantes créations de la main de l'homme? Où sont-ils ces remparts de Ninive, ces murs de Babylone, ces palais de Persépolis, ces temples de Baalbeck et de Jérusalem? Où sont ces flottes de Tyr, ces chantiers d'Arad, ces ateliers de Sidon, et cette multitude de matelots, de pilotes, de marchands, de soldats? Et ces laboureurs, et ces moissons, et ces troupeaux et toute cette création d'êtres vivants dont s'enorgueillissait la surface de la terre? Hélas!

je l'ai parcourue cette terre ravagée ! J'ai visité les lieux qui furent le théâtre de tant de splendeur, et je n'ai vu qu'abandon et que solitude... J'ai cherché ces anciens peuples et leurs ouvrages, et je n'en ai vu que la trace, semblable à celle que le pied du passant laisse sur la poussière. Les temples se sont écroulés, les palais sont renversés, les ports sont comblés, les villes sont détruites et la terre, nue d'habitants, n'est plus qu'un lieu désolé de sépulcres... Grands dieux ! d'où viennent de si funestes révolutions ? Par quels motifs la fortune de ces contrées a-t-elle si fort changé ? Pourquoi tant de villes se sont-elles détruites ? Pourquoi cette ancienne population ne s'est-elle point reproduite et perpétuée ? . . . . . . . .

. . . . . . . . . . . . . . . . . . . . .

Aujourd'hui, le bruit des arts, les cris

d'allégresse et de fêtes ne retentissent plus en ces murs silencieux où l'on voyait s'échanger la pourpre de Tyr pour le fil précieux de la Sérique, les tissus moelleux de Kachemire pour les tapis fastueux de la Lydie, l'ambre de la Baltique pour les perles et les parfums arabes, l'or d'Ophir pour l'étain de Thulé...

## IV

Au VII$^{e}$ siècle de l'ère chrétienne, l'Arabie, encore isolée dans une ignorance primitive et des mœurs patriarcales, forme une vaste république de peuplades, de hordes et de tribus. Le commandement appartient aux chefs des plus anciennes tentes. Des lois n'existent point : l'usage en tient lieu ; la force et l'adresse sont substituées au droit. La victoire justifie le brigandage. L'assemblée des vieillards, des guerriers, des poëtes forme le conseil où se délibèrent les affaires communes. Ainsi qu'à Rome, l'autorité du père de famille est suprême.

La générosité, l'audace, l'avidité, l'amour de l'égalité et de l'indépendance caractérisent ces pasteurs nomades. Une soif ardente de renommée les pousse aux belles actions et aux grands crimes. Chaque année, les guerriers sont conviés à de splendides assauts, jeux olympiques de la Grèce. Les vers des poëtes, partout récités, concourent à créer une langue générale. A Ocazh, à Macjna, à Djou'l Medjaz se tiennent de véritables congrès de poésie. Avant le triomphe de la force physique, les travaux de l'esprit.

## V

Devant un auditoire silencieux et recueilli se levait un guerrier à la démarche fière : aucune dignité, aucun ornement n'indiquait qu'il eût un rang supérieur, et pourtant tous les yeux étaient tournés vers lui. Il montait sur un tertre, et là, d'une voix sonore, sans autre secours que celui de l'inspiration ou d'une mémoire prodigieuse, il récitait un poëme entier. Tantôt il chantait ses hauts faits, la noblesse de sa tribu ; tantôt il dépeignait les plaisirs de la vengeance, tantôt les douceurs de l'hospitalité, tantôt le courage, toujours l'honneur. D'autres fois, il s'arrêtait à peindre les merveilles de la nature, les solitudes du désert, les oasis si désirées, la légèreté de la gazelle. Suspendus à ses lèvres, les auditeurs se laissaient aller à tous les sentiments que le poëte voulait leur inspirer : sur leur figure attentive se peignait l'admiration pour le héros patient dans l'adversité et le mépris pour le lâche. Ils ne dissimulaient point leurs émotions, et le poëte, puisant une énergie plus vive encore dans cet aveu de sa puissance, reprenait son récit avec un nouvel enthousiasme.

Doués d'une autorité sans égale, les poëtes arabes devaient être les historiens de leur pays avant Mahomet ; maîtres de l'opinion, ils élevaient ou abaissaient à leur gré les différentes tribus; aussi étaient-ils craints et respectés. (1)

Le poëme vainqueur est couronné, devient une *moàllacà*, œuvre nationale écrite en lettres d'or sur des toiles d'une étoffe précieuse, et le temple de la Mecque conserve à jamais l'œuvre du génie.

(1) Sédillot, *Histoire des Arabes.*

## VI

Imroulcaïs, d'autres bardes célèbres, consacrent leurs noms dans les annales de la poésie anté-islamique. Le dernier d'entre eux, celui dont les compositions merveilleuses et les hauts faits charment encore les veillées d'Orient, fut le héros Antara. Écoutons quelques fragments d'un poëme d'Imroulcaïs :

« Arrêtons-nous ici, ô mes compagnons ! au souvenir de ma bien-aimée, et aux traces de cette demeure chérie, autrefois assise entre ces deux collines sablonneuses, à l'endroit où le vent du nord et le vent du midi qui s'y rencontrent et qui y élèvent leurs tourbillons de poussière n'ont pu cependant en effacer encore les derniers vestiges !

« Mes compagnons, attendris par ma douleur, arrêtent leurs coursiers. Rappelle ton courage, me disent-ils avec compassion.

« Ah ! le seul remède à mes peines est de verser ici mes larmes ! ou plutôt à quoi me serviraient mes larmes mêmes puisqu'elles ne peuvent repeupler cette solitude et ranimer ces débris ?

« C'est ici que j'ai perdu les deux jeunes filles que j'aimais jadis. Lorsqu'elles approchaient, l'air embaumé m'annonçait leur présence, comme le vent du matin apporte à mon haleine le parfum de l'œillet. Séparé d'elles, mes pleurs ont coulé sur mon sein et mouillé la ceinture de mon sabre.

« Mais quoi! n'ai-je pas passé des jours heureux auprès d'elles? surtout ce jour où j'égorgeai ma propre chamelle pour offrir un repas aux jeunes filles! Quelle idée enfantine elles eurent alors dans leurs yeux de se partager entre elles la charge et les ornements de ma chamelle!...

« Un jour, sur la colline de sable, celle que j'aimais me repoussa avec dureté et s'engagea, par un serment irrévocable, à ne plus m'écouter.

« O Fathmé! ne m'anéantis pas sous tant de rigueur; si quelque chose t'a déplu en moi, délie doucement mon cœur du tien et rends-lui la liberté! »

. . . . . . . . . . . . . . . . . . .

« Souvent, pour éprouver ma constance, une nuit plus orageuse que les flots soulevés de la mer m'a enveloppé de ses ténèbres et de ses terreurs. Je lui ai dit : O nuit si lente dans ta marche, fais enfin place à l'aurore ! quelle nuit lente ! les étoiles immobiles semblaient attachées à des rochers par d'invisibles clous ! ... »

. . . . . . . . . . . . . . . . . . . .

« Dès le point du jour, continue le poëte, lorsque l'oiseau est encore dans son nid, je pars sur un cheval d'une taille élevée, dont la vitesse répond à l'impatience de mes pensées qui le devancent ! Il a la force d'un bloc de rocher, que son poids précipite, en s'augmentant, de la crête d'une montagne ! l'or semble se jouer en lames sur son poil fin. La selle peut à peine se fixer sur son dos semblable à la pierre polie par une onde qui la lave sans cesse en courant avec vitesse au soleil... Il est maigre, son feu le consume : quand il court de toute son impétuosité, il fait entendre dans sa course un bruit semblable à celui de l'eau qui bouillonne dans une chaudière ! Il a le flanc court de la gazelle, le jarret sec et nerveux de l'autruche ; son corps est large ; sa queue épaisse remplit tout l'intervalle entre ses jambes. Le sang des animaux féroces ou des guerriers ennemis qu'il m'aide à atteindre sèche sur son encolure, ressemble à la teinture rose du *henné* qui déguise la blancheur de la barbe du vieillard.

« Il passe la nuit, sellé et bridé, toujours près de moi, sans tourner ses naseaux vers les pâturages. »

. . . . . . . . . . . . . . . . . . . .

« L'orage en déchargeant ses nuées sur les pentes de Châbir, y a fait renaître enfin la verdure et éclore les fleurs ; tel le marchand ambulant de l'Yémen, lorsqu'il s'arrête auprès des tentes, ouvre ses ballots enveloppés d'une toile sombre et déploie sur le sable mille étoffes, aux couleurs variées.

« Les oiseaux de la vallée gazouillent de joie comme s'ils s'étaient enivrés, dès l'aurore, des gouttes d'un vin gai et délicieux.

« Les lions des hauts lieux que les courants des ravines ont surpris, emportés et noyés dans la nuit, gisent étendus au loin ainsi que les faibles et viles plantes déracinées et éparses sur le sol ! »

On comprend avec quel empire devait être entraîné vers une piété enthousiaste, le génie de ce peuple guerrier, amoureux et méditatif, qui, fanatique de merveilles, donnait à Dieu pour temple la majesté et l'infini du désert !

## VII

Chez les anciens Arabes, race mystique et pieuse, le verbe s'incarne, sous forme de parabole, dans un récit. Un jour, dit la légende, le roi Nemrod fit comparaître devant lui ses trois fils. Il fit apporter, par des esclaves, trois urnes scellées. L'une de ces urnes était d'or, l'autre d'ambre, la dernière d'argile. Le roi dit à l'aîné de ses fils de choisir parmi ces urnes celle qui lui paraîtrait contenir le trésor du plus grand prix. L'aîné choisit le vase d'or sur lequel était écrit *Empire*; il l'ouvrit et le trouva plein de sang. Le second prit le vase d'ambre, sur lequel était écrit le mot *Gloire*; il l'ouvrit et le trouva plein de la cendre des hommes qui avaient fait du bruit dans le monde. Le troisième prit le seul vase qui restait, celui d'argile; il l'ouvrit, et il le trouva vide; mais, au fond, le potier avait écrit un des noms de Dieu. « Lequel de ces vases pèse le plus? » demanda le roi à sa cour. Les ambitieux répondirent que c'était le vase d'or; les poëtes et les conquérants, que c'était le vase d'ambre; les sages, que c'était le vase vide, parce qu'une seule lettre du nom de Dieu pesait plus que le globe de la terre.

La religion était multiple dans ses formes : pour les uns tout finit à la mort; pour d'autres, une nouvelle période d'existence va commencer. Les anges, *ces filles de Dieu*, les corps célestes recevaient des adorations. Lorsqu'une chamelle avait eu une femelle dans chacune de ses portées, et qu'elle arrivait à avoir dix petites femelles, elle était consacrée aux dieux. On ne la montait plus. On cessait de lui imposer des fardeaux, de la tondre ou de la traire, excepté pour offrir son lait à des hôtes ou à des pauvres. Elle était qualifiée de *Saïba;* elle paissait librement jusqu'à ce qu'elle mourût de sa mort naturelle. Si une chamelle Saïba avait encore une onzième production femelle, on fendait l'oreille à celle-ci, on lui accordait les mêmes priviléges qu'à sa mère, et on l'appelait *Bahira*.

Une chamelle qui avait eu des femelles jumelles, on l'honorait du nom de *Wacila*.

Il y avait certainement là autre chose

que du caprice : le chameau est souvent le seul trésor de l'Arabe ; dans sa reconnaissance, il faisait preuve aussi d'une sage prévoyance en enlevant à la consommation plus de femelles que de mâles, les réservant à la propagation de l'espèce sous la protection d'un caractère sacré.

## VIII

Les superstitions juives, romaines, grecques et persanes avaient gagné les différentes fractions de la grande agglomération ismaélite. Elle reconnaissait pour père Abraham, l'ami de Dieu. Des Hébreux vint l'usage de la circoncision. Mais les fausses divinités ne tardèrent pas à détrôner le culte primitif. Les idoles de Yâlib, Madân, Hobal envahirent la Caaba, le temple vénéré bâti par Abraham et son fils Ismaël. Détruite par un torrent vers l'an 150 de Jésus-Christ, la Caaba fut rebâtie sous la même forme. La postérité des constructeurs porta comme distinction honorifique le nom de El-Djadara, maçons.

Le tarikh Montekheb a écrit ce qui suit : « Du temps d'Adam, dans le lieu où est bâti ce temple, il n'y avait qu'une tente dressée, laquelle avait été envoyée du Ciel pour servir aux hommes de lieu propre à rendre le culte souverain qu'ils doivent à Dieu, et pour obtenir de lui le pardon de leurs péchés, avec les grâces qui leur sont nécessaires pour le bien servir. Adam visitait souvent ce saint lieu, et Seth, son fils, suivit, pendant tout le cours de sa vie, l'exemple de son père, jusqu'à ce qu'il jugeât à propos d'y bâtir un temple de pierre, lequel pût servir à sa postérité. Ce premier temple ayant été renversé par le déluge, fut rebâti ensuite par Abraham et par son fils Ismaël. »

Dans l'un des murs reposait la fameuse *pierre noire* apportée des cieux par un ange, et qui avait servi, dit la tradition, de noyau à la terre. Le puits *Zem-zem*, dont l'eau miraculeuse avait jailli pour Agar et son enfant mourant de soif, dans la vallée de Safa, la déroba quelque temps, ainsi que les deux gazelles d'or, à la conquête des tribus du désert, et la dévotion des fidèles la replaça bientôt dans le sanctuaire de la Mecque.

## IX

Les Arabes poussaient jusqu'à la superstition le respect de l'hospitalité. Avant d'abandonner cette période anté-islamique, citons un curieux récit, extrait du *Kitab-el-Aghani*. C'est une aventure de Zayd-el-Khayl avec un voleur de la tribu de Chayban.

« Des malheurs, raconte le voleur lui-même, m'avaient réduit à la misère. Je menai ma femme et mes enfants à la ville de Hîra, et leur dis : « Restez ici, et im-

« plorez l'humanité du roi, il ne vous « laissera pas mourir de faim. Pour moi, « je vais tenter la fortune, et je jure de « revenir avec du butin ou de périr. » Je partis muni d'une petite provision de vivres. A la fin de la première journée, je vis un superbe cheval qui paissait, avec des entraves aux pieds, à quelque distance d'une tente isolée. Personne ne paraissait le surveiller, je conçus l'idée de m'en emparer. J'allais lui ôter ses entraves et sauter sur son dos, quand ces mots, prononcés par une voix menaçante, « fuis, ou tu es mort ! » m'obligèrent de détaler au plus vite.

« Je marchai ensuite pendant six jours, sans qu'aucune chance favorable s'offrît à moi. Le septième, j'arrivai en un lieu où une grande et belle tente était dressée près d'un parc à chameaux actuellement vide. Je me dis à moi-même : « Ce parc « se remplira ce soir. Il y a ici quelque « chose à faire. » Je plongeai mes regards dans l'intérieur de la tente. Un homme seul y était assis ; c'était un vieillard courbé sous le poids de l'âge. Je me glissai furtivement derrière lui, et me blottis dans un coin.

Au coucher du soleil, un cavalier semblable à un colosse, monté sur un puissant cheval, parut devant la tente, escorté de deux esclaves noirs. Il ramenait du pâturage cent chamelles avec un étalon et un troupeau de brebis. Le cavalier dit à l'un des nègres de traire une chamelle qu'il lui désigna, et de donner à boire au scheikh. L'esclave obéit, apporta une jarre de lait qu'il plaça près du vieillard, et se retira. Le vieillard but lentement deux ou trois gorgées, et posa le vase à terre. Dévoré d'une soif ardente, je ne pus résister au désir de la satisfaire. J'étendis doucement la main, saisis la jatte, et avalai le reste du lait. Un instant après, le nègre revint, emporta la jatte, et, voyant qu'elle était vide, il dit au cavalier : « Mon maître, il a tout bu. — Tant mieux, répliqua le cavalier ; eh bien! trais cette autre chamelle. » Bientôt une seconde jatte de lait fut présentée comme la première fois au vieillard. Il ne fit qu'y tremper ses lèvres, et la remit à côté de lui. Je la saisis encore, et j'en bus seulement la moitié, pour ne pas éveiller le soupçon. Le nègre étant venu la reprendre, dit à son maître : « Il en a laissé, « il n'a plus soif. » Pendant ce temps, les chamelles étaient entrées dans le parc, et s'étaient couchées autour de leur étalon. Une brebis avait été tuée, et rôtissait devant un feu pétillant. Le meilleur morceau fut servi au scheikh, qui soupa seul ; le cavalier mangea hors de la tente avec ses deux nègres.

« Quand ils furent tous endormis, et que le bruit de leur respiration m'eût fait connaître que leur sommeil était profond, je sortis de ma cachette, j'entrai dans le parc, et, allant droit à l'étalon, je le débarrassai de son entrave, *ikâl ;* je le montai, et le poussai dans la direction de Hîra. Les chamelles suivirent le mâle, et je m'éloignai rapidement avec ma capture.

« Je cheminai toute la nuit ; lorsque le soleil se leva, je regardai derrière moi ; je ne découvris personne. Plein d'espoir, je pressai le pas, me retournant de temps en temps pour voir si j'étais poursuivi. Vers le midi, j'aperçus au loin un objet qui s'approchait avec la vitesse d'un oiseau. En un moment l'objet prit la forme d'un cavalier ; enfin, je reconnus le guerrier et le cheval que j'avais vus la veille. Aussitôt je sautai à terre, j'entravai l'étalon, et me plaçant entre le troupeau immobile et mon adversaire, je vidai mon carquois à mes pieds et préparai mon arc. Le cavalier s'arrêta à une petite portée de flèche et me cria : « Délie la jambe de « ce chameau et sauve-toi. — Non, ré- « pondis-je, j'ai juré à ma femme et à « mes enfants de revenir avec du butin « ou de périr. — En ce cas, tu es mort, « dit-il; obéis. — Non, répétai-je, je « saurai défendre ma prise. — Insensé ! « s'écria-t-il, ta perte est certaine. En « veux-tu la preuve? ajouta-t-il en pre- « nant son arc, fais cinq nœuds à la longe « du chameau, et laisse la pendre? » Désirant juger de son adresse, j'exécutai ce qu'il m'indiquait. « Maintenant, dit-il, « lequel de ces nœuds veux-tu que je « perce de ma flèche ? » Je désignai celui du milieu. A l'instant, la flèche partit et le traversa. Puis, en un clin d'œil, quatre autres flèches, décochées avec la même justesse, vinrent successivement frapper les autres nœuds, et alors je détachai l'entrave du chameau, et, croisant les mains, je restai dans l'attitude d'un homme qui se rend prisonnier. Le cavalier vint à moi, me désarma, et m'ayant fait monter en croupe, il chassa devant lui l'étalon toujours fidèlement suivi par les femelles, et regagna sa tente.

« Que penses-tu que je vais faire de toi ? me demanda-t-il en arrivant. — Hélas ! répondis-je, j'ai tout lieu de craindre un traitement rigoureux. » Le matin, en découvrant le vol des chamelles, il avait compris que la quantité plus qu'ordinaire de lait présentée la veille au vieillard avait dû être bue en partie par le voleur caché dans la tente. « Est-ce « que tu crois, dit-il, que je sévirai contre « un homme qui était hier soir le convive « de mon père Mohalhil ?— Ton père Mo- « halhil ! m'écriai-je ; tu es donc Zayd-el- « Khayl ? — Oui, dit-il. — Un guerrier « tel que toi, continuai-je, doit avoir l'âme « généreuse. » Il répondit : « Bannis toute crainte. Si ces chamelles étaient ma propriété, je te les abandonnerais volontiers ; mais elles appartiennent à la fille de Mohalhil ; je ne puis en disposer. Au reste, demeure ici quelques jours ; je suis sur le point d'entreprendre une expédition. »

« En effet, il se mit en campagne le

lendemain. Peu de jours après, il revint ramenant cent chameaux qu'il avait enlevés aux Benou-Nomayr. Il m'en fit présent, et me congédia en me donnant une escorte qui m'accompagna jusqu'à Hîra. »

## X

La Mecque qui donna le jour à Mahomet, Médine qui garde son tombeau et celui des premiers kalifes, devinrent les cités saintes.

Ces villes présentent, dans le cœur de l'Asie, la forme ou plutôt la substance d'une république. Le grand-père de Mahomet et ses ancêtres en droite ligne y paraissent comme les princes de leur pays, soit dans les affaires du dehors, soit dans celles de l'intérieur; mais ils régnèrent, comme Périclès à Athènes ou les Médicis à Florence, par l'opinion qu'ils avaient donnée de leur sagesse et de leur intégrité. Leur influence fut partagée avec leur patrimoine et le sceptre fut transféré des oncles du prophète à une branche plus jeune de la tribu de Koreisch. Dans les occasions solennelles, ils convoquaient l'assemblée du peuple. Et, comme le genre humain doit toujours être ou contraint ou persuadé d'obéir, l'emploi de l'éloquence et l'honneur qui y était attaché parmi les anciens Arabes, est l'évidence la plus frappante de la liberté publique. Mais leur liberté, dans la simplicité de ses formes, était d'une espèce toute différente de celle des républiques grecque et romaine, où les institutions étaient bien plus compliquées et où chaque membre possédait une part individuelle des droits civils et politiques de la communauté.

Dans l'état beaucoup plus simple des Arabes, la nation est libre parce que chacun de ses enfants dédaigne une basse soumission à la volonté d'un maître ; leur cœur y est fortifié par les vertus austères du courage, de la patience et de la tempérance. L'amour de l'indépendance les porte à exercer l'habitude de se commander à soi-même, et la crainte du déshonneur les préserve de la crainte puérile de la douleur, des dangers et de la mort (1).

(1) Gibbon, hist. c. V.

## XI

Le 1er septembre 570 naît le prophète : le monde s'émeut. Les historiens arabes, interprétés par nos orientalistes, entourent son berceau du prestige des miracles et de phénomènes surnaturels. Ctésiphon vit s'ébranler le palais des Chosroës dans l'écroulement de quatorze de ses tours; les démons furent précipités des sphères célestes; le feu sacré s'éteignit sous l'œil pétrifié des mages; le lac de Sawa se dessécha; un songe affreux montra au grand

*Moubed* des Perses l'envahissement de son pays par les chameaux et les chevaux arabes ; et Aminà rêva qu'un fleuve de lumière sortait de son sein et se répandait comme une aurore sur la face de la terre.

Abd-el-Mottalib, grand-père de Mahomet, donna, le lendemain de la naissance de son petit-fils, un grand festin aux principaux habitants de la Mecque. « Quel « sera le nom de cet enfant, demanda-t-on « à la fin du repas ? L'aïeul répondit : « Mohammed ! » Et voyant l'étonnement des convives à ce nom inusité, le vieillard ajouta : « Mohammed signifie le « *Glorifié*. Cet enfant, né circoncis, sera « glorifié par Dieu dans le Ciel et par les « hommes sur la Terre !... »

Halimà, une nourrice des tribus, emporta le nouveau-né au désert. La tradition nous dit que Mahomet était sujet à une maladie inconnue, mais que l'on attribuait à l'action du démon. Dans la suite, le Prophète racontait à ses disciples que, durant son enfance, lorsqu'il jouait avec ses jeunes camarades dans la plaine, deux anges, vêtus de blanc, le renversèrent par terre, lui ouvrirent la poitrine et en retirèrent le cœur pour le laver et le purifier.

## XII

Quelques mois après son mariage, mourut Abdallah, le père de Mahomet; cinq ans plus tard, Aminà dormait à ses côtés sous les palmiers de Nadjir. Vingt chameaux et l'esclave Oùmm-Ayman furent toute la richesse qu'elle laissa à l'orphelin. Mahomet est confié aux soins dévoués de son grand-père Abd-el-Mottalib et de son oncle Abou-Taleb, chefs de la puissante tribu des Coraïtes auxquels appartenaient le sacerdoce du temple de la

Mecque et la garde du puits Zem-zem. A douze ans, l'enfant accompagne les caravanes qui vont échanger les produits de l'Arabie. Il assiste à plusieurs combats dans une guerre de tribus : c'est lui qui porte à ses oncles les flèches ramassées à travers la mêlée.

Dans un de ses fréquents voyages de la Mecque à Damas a lieu sa première entrevue avec le moine Bahira, Djerdjis ou Georges chez les Chrétiens, qui devine le futur apôtre de l'Arabie. Ses entretiens jettent dans l'âme du Coraïte les germes d'une pure doctrine se rapprochant des dogmes et de la morale du christianisme. Souvent aussi l'orfèvre grec Djaber reçut de Mahomet de longues visites dans son échoppe de la colline Marwà. De là cette accusation d'avoir fait écrire par l'artisan les principaux passages du Coran. Mais le Prophète répond dans un verset : « Ils disent qu'un homme étranger a endoctriné Mohammed, sans réfléchir que cet étranger ne parle qu'une langue barbare et que le Coran est écrit dans la langue arabe la plus correcte et la plus pure. »

Mahomet s'était déjà concilié le respect et l'estime de tous par la sévérité de ses mœurs, son intelligence remarquable, une brillante éloquence et un caractère poussé à la méditation. Une riche veuve, nommée Khadidja, lui confie une importante caravane envoyée en Syrie, et, captivée par la jeunesse, la naissance, les vertus, peut-être aussi par le pressentiment d'une illustre destinée, elle épouse, trois ans après, son fidèle intendant. Mahomet, nous disent les écrivains arabes, doué alors d'une physionomie dont la majesté se tempérait par l'expression de la douceur, avait cet air d'autorité, partage du génie, qui impose aux hommes éclairés et subjugue les ignorants.

## XIII

A quarante ans, l'apôtre de l'Arabie n'a point encore révélé sa mission; mais, comme Moïse chez les Hébreux, il s'entretient avec son esprit dans la solitude. La nuit, près des cavernes du mont Hîra, il entend des voix d'êtres invisibles qui lui crient quand il passe : « Salut, envoyé de Dieu ! »

Et, cependant, il embrassait alors le monde dans l'ambition hardie de remplacer les différents cultes de sa patrie par une religion nouvelle, transaction entre les anciennes croyances mosaïques et le christianisme que la race arabe avait toujours repoussé. Un jour, il dit à Khadidja : « Je dormais d'un sommeil profond, lorsqu'un ange m'est apparu en songe. Il portait une large pièce d'étoffe de soie couverte de caractères d'écriture : *Lis*, me dit-il.— Que lirai-je ? » lui dis-je dans mon ignorance. Alors l'ange m'enveloppa avec colère dans cette pièce d'écriture enroulée autour de moi jusqu'à m'étouffer, et me répéta d'un ton plus impérieux : « *Lis!* — Que lirai-je, lui dis-je de nouveau. — *Lis*, au nom de Dieu, poursuivit l'ange; c'est lui qui a révélé aux hommes l'écriture et qui apprend aux ignorants ce qu'ils ne savent pas. » Je répétai ces paroles après l'ange. Il s'éloigna; je sortis, je marchai longtemps pour calmer mes esprits, loin sur la montagne. Là, j'entendis au-dessus de ma tête une voix qui me dit : « O Mahomet, tu es l'envoyé de Dieu, et je suis son ange Namous (Gabriel), confident de Dieu. » Je levai les yeux, je vis l'ange, et je restai longtemps éperdu à la place où je l'avais vu disparaître. »

« Courage et réjouis-toi, lui dit Khadidja ; par celui qui tient mon âme dans ses mains, j'espère que tu seras le Prophète de notre nation. »

# XIV

Apôtre persuasif, il entraîne d'abord sa femme et huit autres personnes; le nouveau culte commença comme une famille. Bientôt, il a formé cinquante disciples qui embrassent l'*islamisme*, ou la *religion de l'entier abandon à la volonté de Dieu*. Pendant trois ans, il développe mystérieusement sa doctrine dans l'assemblée de ses premiers prosélytes attendant, en politique habile, que la force permît à sa secte de repousser la persécution.

C'est donc toi, misérable, lui criait-on quand il sortait du temple, qui accuses nos pères d'erreur et nos divinités d'impuissance? — Oui, répondait Mahomet... Et un jour, ses ennemis se jetant sur lui avec furie, Aboubekr l'arrache tout sanglant à la mort.

Les Coraïtes lui demandent des miracles.

« Donne-nous, lui dirent-ils, des preuves de ta mission : notre vallée de la Mecque est étroite et aride, élargis-la en écartant ces montagnes qui l'enserrent, fais-y couler un fleuve pareil aux eaux courantes de l'Irak ou de la Syrie ; ou, tout au moins, fais sortir de ces sépulcres quelqu'un de nos ancêtres endormis dans la terre, par exemple notre aïeul Cossay, fils de Kilab, cet homme dont la parole avait l'autorité des lois, qu'il se lève.

qu'il nous parle, qu'il nous dise de te reconnaître pour notre Prophète, et nous te reconnaîtrons à sa voix! — Dieu, leur répondit Mahomet, ne m'a pas délégué pour de telles œuvres ; il m'a suscité simplement pour vous annoncer les vérités du salut! »

« Qu'il nous dise, s'écriaient à leur tour les rabbins, ce qu'étaient certaines gens des siècles passés dont l'aventure est une merveille? Qu'est-ce que l'homme qui a atteint les bornes de la terre à l'Orient et à l'Occident? Qu'est-ce que l'âme?... S'il répond de telle et telle manière, il est réellement un Prophète, sinon il est un imposteur. »

Mahomet leur répondit par les histoires des *Sept Dormants* et d'*Alexandre-le-Grand* (1).

(1) Coran, ch. XVIII.

Souvent l'apôtre rentrait dans sa maison sans avoir rencontré, dit-il lui-même, un seul être, homme ou femme, libre ou esclave, qui ne l'eût traité d'imposteur.

Enfin, il prêche ouvertement la destruction des idoles sous les murs mêmes de la *Caâba*, et son âme, inaccessible à la crainte, lui fait dédaigner les cris de mort de la foule ameutée. Il échappe aux conjurations en se sauvant à Médine. Poursuivi avec Aboubekr par un parti de Coraïtes, ils se réfugient dans une grotte du mont Thour : leurs ennemis vont y pénétrer ; mais ils s'aperçoivent qu'à l'entrée de la caverne, une colombe a déposé ses œufs ; une araignée y avait étendu sa toile. Ils s'éloignèrent convaincus que personne n'avait pu pénétrer en ce lieu.

C'est là l'*Hégire*, c'est-à-dire la fuite ou persécution, dont l'ère commence avec le premier *Moharem*, premier jour de l'année musulmane, 622 ans avant Jésus-Christ.

## XV

Le fugitif va devenir conquérant. Quand Mahomet professait dans les temples le dogme majestueux de l'unité de Dieu, le peuple l'écoutait; les grands ne trouvaient là que les visions d'une âme exaltée. Maintenant, le glaive va protéger sa doctrine; chaque Prophète, dit-il, a son caractère : celui de Jésus fut la douceur, le sien doit être la force. Et alors vous le voyez, prodiguant un superbe dédain aux naïves croyances de ses compatriotes, s'adresser à la partie passionnée de l'âme humaine.

Hassan, poëte satirique de Médine, montrant sa langue au Prophète, lui dit :

« Tu vois cette langue, elle est courte ; mais il n'y a pas de cuir ni de bouclier que je ne puisse percer avec cette arme ! »

Mahomet avait répondu, en souriant : « Mais comment feras-tu pour attaquer « les Coraïtes, sans que le mépris que tu « déverseras sur ma tribu retombe sur « moi-même ?

« — Sois tranquille, répliqua Hassan, « je saurai te soustraire du milieu de tes « ingrats compatriotes, comme on extrait « un cheveu de la pâte que l'on pétrit « pour faire le pain.

« — Frappe donc de ta langue les en- « nemis de Dieu, et que les anges t'ins- « pirent ! »

## XVI

La mission de Mahomet se continue par la prédication et la victoire vient y ajouter son prestige. L'apôtre sort de Médine, à la rencontre des Coraïtes, avec une armée de trois cent quatorze combattants montés sur soixante-quatorze chameaux. Ali et un autre fidèle portaient deux étendards, l'un noir et l'autre blanc... Cette poignée d'hommes allait changer la face du monde!...

Les deux armées sont en présence.

Mahomet aligne ses soldats avec une flèche sans pointe ; il touche légèrement en passant la cuisse de Sewad, un de ses meilleurs combattants.

« Tu m'as fait mal, Prophète, lui dit Sewad, et d'après tes propres lois, au nom de Dieu, j'ai le droit de te frapper à mon tour !

« — Eh bien ! venge-toi, répondit Mahomet, » et, ouvrant son manteau, il présente ses flancs nus au soldat.

Alors Sewad entoure, de ses deux bras ouverts, le corps de son maître et lui baise la poitrine.

« — Nous sommes dans une heure suprême, dit-il, mais avant de mourir j'ai voulu que ma peau touchât la tienne ! »

La bataille s'engage près du *puits de Bedr*.

« Quiconque, s'écrie Mahomet, mourra

aujourd'hui, dans le combat, de blessures reçues par devant, possèdera le paradis. »

Et alors on vit un garde qui mangeait des dattes, à l'ombre d'une cabane, s'élancer dans la mêlée, tuer cinq Coraïtes, et tomber lui-même en bénissant le Prophète.

D'autres se jettent nus sur les ennemis « sans autre armure que la foi. »

Les Coraïtes et leur chef, Abou-Sofyàn, se sont arrêtés... Mahomet qui voit leur indécision, ramasse une poignée de sable, maudit les ennemis de l'Islam, et, d'une voix tonnante, s'écrie : « Chargez, musulmans ! »

Cette fois, l'élan devient irrésistible ; les idolâtres couvrent la plaine de leurs cadavres ; le Prophète est vainqueur !...

## XVII

Deux ans plus tard, les tribus du désert soulevées par les Coraïtes accourent pour venger leur défaite. L'armée compte trois mille combattants ; des femmes accompagnent leurs époux : elles chanteront, pendant l'action, au bruit des tambours de basque, l'éloge des guerriers tombés à Bedr. Cette foule va camper au pied du mont Ohod.

Mahomet avait réuni mille fidèles autour de lui ; il n'hésita point cependant à donner la bataille. Elle fut acharnée : mais les musulmans, en se jetant sur les bagages de l'ennemi, alors que commençait sa déroute, laissèrent les Coraïtes se rallier et reprendre l'offensive. Le Prophète tombe, le visage ensanglanté : il est aussitôt secouru.

La trop grande confiance des musulmans et leur avidité entraînèrent la défaite d'Ohod. Mahomet, après le combat, avait défendu d'enlever les morts du champ de bataille ; il défendit même de laver leur sang ; car les martyrs, dit-il, paraîtront au jour de la résurrection avec leurs blessures saignantes exhalant l'odeur du musc. Cet échec devait bientôt être réparé par la *victoire des nations,* par la soumission de la tribu juive des Nadhirites, et par une expédition heureuse contre la province de Nadj.

La quatrième année de l'Hégire, les Coraïtes ne vinrent pas au *rendez-vous* de Bedr donné après la journée d'Ohod.

## XVIII

La grande coalition des tribus arabes et des juifs de Koraïza amène le siége de Médine. Dix mille confédérés campent, avec les Coraïtes, sous les remparts. C'est là *guerre du fossé*. Mahomet avait fortifié la ville en l'entourant d'un fossé taillé dans le roc. On raconte qu'un jour comme il travaillait lui-même, une pioche à la main, trois étincelles jaillirent du rocher. « Que veulent dire ces trois éclairs ? » lui demanda-t-on. — Il répondit : « Le premier m'annonce la conquête de l'Arabie à ma loi ; le second, la possession de la Syrie et de l'Occident ; le troisième, la domination de l'Orient tout entier !...

La moitié de l'Arabie soulevée par la haine des Juifs, échoue devant Médine défendue par le génie de l'apôtre. Il se vengera de ses ennemis par la prise de Kaïbar et de nombreuses victoires dont le résultat sera la ruine politique de la nation juive.

# XIX

L'Arabie est soumise ; mais il faut un dernier triomphe : l'entrée dans la Mecque du Pontife victorieux.

Une véritable armée l'accompagna dans ce grand pèlerinage. On voyait là, à côté de guerriers à cheval, les tribus errantes suivies d'une file innombrable de chameaux couverts de fleurs... L'aspect varié des costumes, des traits du visage, des teintes de la peau, distingue cette foule en groupes divers. A côté de l'Asiatique à longue barbe, à robe traînante, marchait l'Africain, à la peau d'ébène et aux cheveux laineux... Tout le désert était accouru !...

Arrivé devant la porte de la ville, Mahomet voit son chameau s'arrêter et s'agenouiller de lui-même.

« Son chameau est donc rétif? disent entre eux les fidèles.

— Non, répond le Prophète, l'animal n'est pas rétif, mais il s'est senti repoussé par la main invisible, par la même main qui repoussa jadis l'éléphant du chef des Abyssins, prêt à fouler le sol de la Mecque ; arrêtons-nous ici ! »

Et, l'homme naguère proscrit négocie, entouré des respects de ses compatriotes, son entrée libre dans la ville sainte.

La Mecque ouvre ses portes : les trois cent soixante idoles de la Caâba sont renversées.

Le Prophète vainqueur envoie sommer tous les souverains de reconnaître sa mission ; les premières lettres sont présentées à Chosroës-le-Grand, roi de Perse ; il répond en donnant l'ordre au vice-roi de l'Yémen d'arrêter un insolent esclave : le vice-roi se fit musulman.

Héraclius, empereur de Constantinople, reçoit l'ambassadeur avec affabilité et le renvoie comblé de présents. L'Ethiopie, l'Egypte, l'Yémen acceptent l'Islam.

Le gouverneur de Syrie fait périr l'envoyé du Prophète ; trois mille musulmans vengent leur religion en culbutant cent mille hommes. Kaleb, après la perte de trois chefs, avait enfin vaincu. Voilà quelle race de guerriers allait sortir de l'Arabie... L'Islam étend ses conquêtes jusque chez les Grecs et chez les Perses; les princes de Dauma et de Deyle sont tributaires, et, quelques années plus tard, la monarchie persane elle-même tombera sous les coups d'Omar.

## XX

Après vingt ans d'efforts, Mahomet avait accompli sa mission. La mort allait le ravir à ses disciples. Les juifs, ses ennemis les plus odieux, lui avaient autrefois donné du poison dont il sentait alors le redoutable effet.

Avant de mourir, il convie les fidèles au pèlerinage d'adieu : une multitude enthousiaste l'accompagne.

Voici le dernier discours de l'apôtre au mont Safà :

« O hommes ! s'écria-t-il, retenez mes paroles, car je ne sais si l'année qui va naître me reverra encore dans ce lieu sacré au milieu de vous !

« Soyez cléments et équitables entre vous !

« Que la vie et les biens de chacun soient sacrés pour tous, comme ce mois et ce jour sont sacrés pour les croyants !

« Sachez que vous comparaîtrez tous devant le Seigneur, et qu'il vous demandera compte de vos actions !

« Que tout homme qui a reçu un dépôt le restitue fidèlement quand on le lui redemandera !

« Que celui qui prête à son frère ne demande point de salaire de son argent ! Le débiteur ne rendra que le capital reçu !

« L'intérêt des sommes prêtées est supprimé à commencer par l'intérêt des sommes dues à ma famille !

« On ne poursuivra plus la vengeance des meurtres, à commencer par celui de mon cousin Rabia fils de Harith fils d'Abd-el-Mottalib !

« Il y aura douze mois dans l'année ; quatre de ces mois seront spécialement sacrés !

« O hommes ! vous avez des droits sur vos épouses, et elles ont également des droits sur vous ! Leur devoir est de ne point déshonorer votre maison par l'adultère ; si elles y manquent, Dieu vous permet de vous éloigner d'elles et de les châtier, mais non pas jusqu'à la mort. Vous devez les traiter avec indulgence et avec tendresse ! Souvenez-vous qu'elles sont dans vos maisons comme des captives qui sont soumises à un maître, et qui n'ont rien réservé à elles ! Elles vous ont livré leur corps et leur âme sous la foi de Dieu ! Elles sont un dépôt sacré que Dieu vous a confié !

« O hommes ! écoutez encore mes paroles et gravez-les bien dans vos esprits ! Je vous laisse une loi qui, si vous y restez fermement attachés, vous préservera à jamais de l'idolâtrie, de l'impiété et de l'erreur ; une loi lumineuse, intelligible à tous, formelle ; un Coran inspiré par le Ciel !

« O hommes ! écoutez mes paroles et gravez-les dans vos esprits. Sachez que tous les musulmans sont frères ! Nul ne doit s'approprier ce qui appartient à son frère, à moins qu'il ne le reçoive de lui, de son plein gré ! Gardez-vous de l'injustice, elle entraînerait votre perte éternelle ! »

Et alors, levant les mains vers le Ciel, il s'écria : « O mon Dieu ! ton serviteur a-t-il bien combattu ? »

Les acclamations de plus de cent mille voix lui attestèrent qu'il avait triomphé !

## XXI

Le Prophète rentre à Médine. Avant de quitter la colline de Safà, il s'était fait raser la tête, et les disciples avaient conservé ses cheveux.

Mais le mal s'aggrave ; l'apôtre est pris de mélancolie ; le sommeil, frère de la mort pour la plupart des hommes, est encore une veille ardente pour ce favori du ciel vivant de sa pensée. Une nuit, il se lève et se rend au cimetière musulman : « Salut, dit-il, habitants des tombeaux ! Reposez en paix à l'abri des épreuves qui attendent vos frères! » Et il prie jusqu'à l'aurore pour l'âme de ses guerriers frappés dans les combats.

Une pareille tristesse avait déjà rempli l'âme de Jésus alors qu'au dernier moment, doutant de son œuvre, il sentit se réveiller en lui la nature humaine dans une invincible défaillance.

Voyez le grand schismatique d'Allemagne s'arrêter, lui aussi, devant le cimetière de Worms, enviant la paix profonde de ceux qui dormaient là !...

L'instant de la séparation approchait. Ses femmes pleurèrent sur Mahomet, et il pleura sur elles. Il leur parla ainsi : « Quand vous aurez lavé et enseveli mon corps, vous me placerez sur ce tapis, au bord de ma tombe ; on la creusera dans cette chambre même, sous la place où ma natte est étendue, puis vous me laisserez seul avec les esprits célestes qui ont daigné entrer en communication avec moi pendant ma vie, et qui viendront prier sur moi après ma mort! Vous viendrez ensuite prier vous-mêmes, par groupes successifs sur mon corps, d'abord les hommes de ma famille, puis leurs femmes, enfin les fidèles musulmans. Je vous donne ma paix à vous tous qui m'écoutez; je donne ma paix à mes compagnons absents, je la donne à tous ceux qui suivront ma religion dans les siècles à venir! »

Ali et Aboubekr le soutenant, il se traîne jusqu'à la tribune de la mosquée et dit d'une voix éteinte :

« Musulmans! si j'ai jamais frappé quelqu'un d'entre vous me voici, qu'il me frappe à son tour! Si j'ai outragé quelqu'un de parole me voici, qu'il me rende injure pour injure! Si j'ai pris à quelqu'un son bien me voici, qu'il prenne tout ce que je possède en propre sur la terre! Et ce ne sont pas là de vaines paroles; que nul, en se faisant ainsi justice, n'appréhende ma colère! La colère et la vengeance ne sont pas dans mon caractère! »

Un homme réclama trois drachmes et les reçut à l'instant.

. . . . . . . . . . . . . . . . . . . . .

. . . . . . . . . . . . . . . . . . . . .

Mahomet n'était plus... mais l'obscur chamelier d'Arabie, éclipsant le génie guerrier de Rome même, devait soumettre à sa religion, à ses lois, la moitié du monde connu.

## XXII

La mort enleva Mahomet dans toute sa force. La vieillesse ne devait point profaner, en l'émoussant, cette ardente éloquence qui avait fait retentir sur l'Arabie le dogme de l'unité de Dieu !

Nous ne voulons pas nous attacher, après de célèbres écrivains, à cette prodigieuse personnalité. Pour mêler à son œuvre un plafond du Pérugin, il faut être Raphaël. On ne retouche pas surtout un portrait de Lamartine, on l'expose.

A l'exception de ces visions extatiques, maladie nerveuse qu'il se déguisait à lui-même sous le nom d'assomption dans le monde des esprits et d'entretiens avec les anges, son corps était sain comme son intelligence. La majesté douce de son visage accréditait naturellement autour de lui une supériorité de nature et de prédilection divine sur le vulgaire des hommes. Il avait la taille élevée, la stature imposante que Michel-Ange a donnée, sous son ciseau, à Moïse; moins qu'un Dieu, plus qu'un homme, un prophète! Ses mains et ses pieds, toujours nus, étaient larges, fortement noués de muscles, mordant bien le sable de l'orteil, serrant bien le sabre du pouce. Une peau fine, blanche, colorée sur les joues, laissait transpercer le réseau des veines pleines d'un sang calme quoique généreux.

Sa poitrine, sans poil, respirait à longue haleine. Sa voix, grave et vibrante, y résonnait comme dans une voûte pleine d'échos. Ses yeux étaient noirs, pénétrants, humides souvent de volupté, plus souvent d'enthousiasme. Sa barbe était noire, rare et sans ondes comme ses cheveux; sa bouche grande, mais habituellement fermée, semblait également taillée pour sceller les mystères ou pour épancher les inspirations au peuple, comme tous les hommes qui conversent souvent avec le monde supérieur, et qui respectent en eux l'instrument de l'inspiration. Il y avait plus d'indulgence que de gaieté dans son sourire. Une gravité compatissante était l'expression habituelle de sa physionomie. Cependant, il aimait les jeunes gens, les femmes, les enfants, tout ce qui est beau et innocent dans la nature. La beauté régnait sur ses sens, et les voluptés éternelles ne se présentaient à son imagination que sous les traits de femmes. Les anges mêmes de son paradis étaient des apparitions féminines. Ce n'est pas lui, toutefois, qui a inventé, comme on l'a cru, les houris, ces vierges du paradis musulman. Les houris, anges féminins, étaient avant lui une voluptueuse superstition des Arabes.

Il n'affectait dans ses rapports avec le peuple aucune supériorité que celle de la sainteté prophétique. Rien n'annonçait en lui ou autour de lui le souverain ni le conquérant ; tout était d'un apôtre.

Jamais il ne retirait, dit Aboul-Féda, la main le premier de la main de ceux qui le saluaient.

On raconte qu'il jouait avec les enfants d'Ali, mari de sa fille Fatima. Un jour, un de ces petits enfants d'un âge tendre, nommé Hossein, ayant grimpé sur son dos, pendant qu'il était prosterné, le front dans la poussière, pour faire sa prière, le Prophète resta dans cette attitude, pour complaire à l'enfant, jusqu'à ce que sa mère vînt le délivrer de ce fardeau.

Rappelez-vous le bon roi Henri de populaire mémoire!

Les choses que j'aime le plus au monde, disait Mahomet, ce sont les femmes et les parfums, mais ce qui me réconforte l'âme, c'est la prière.

Ses vêtements étaient ceux du pauvre : les grossières étoffes de laine de mouton, les ceintures de cordes tressées de poil de chameau ; il rejetait, comme un luxe et comme un orgueil, les turbans de coton blanc des Indes portés par ses guerriers.

Il vivait de dattes et du lait de ses brebis, qu'il ne dédaignait pas de traire lui-même ; il n'empruntait que rarement la main de son esclave pour les services les plus pénibles de la domesticité ; il allait puiser l'eau au puits, il balayait et lavait le plancher de sa maison ; assis à terre sur une natte de paille, il raccommodait lui-même ses sandales et cousait ses vêtements usés. La propreté du corps, dont il a fait dans son Coran une image de la pureté de l'âme, était sa seule délicatesse ; il peignait sa barbe avec soin ; il se teignait en noir les sourcils et les cils ; il se colorait les ongles avec le henné, teinture qui donne un reflet de pourpre aux doigts des pieds et des mains des femmes chez les Arabes. Il se servait, au lieu de glace ou de miroir, d'un seau rempli d'eau, dans lequel il se regardait pour rouler avec décence les plis de son turban.

Il n'entassait aucun trésor : il distribuait tout le produit de la dîme qu'il avait établie sur les biens et sur les dépouilles entre ses guerriers et les indigents. Il avait fait pour lui-même vœu de pauvreté. Il donnait à garder aux mains et au cœur des pauvres tout ce qu'il recevait, comme à des dépositaires chargés de lui rapporter tout dans le Ciel.

La tradition nous apprend qu'il avait vingt-deux chevaux, deux ânes *Ofair* et *Ya'four;* cinq mules, dont la plus connue, la blanche, se nommait *Doldol;* quatre chamelles qu'il montait, et dont la plus connue était *Koswa* (à l'oreille coupée) ; vingt autres chamelles à lait ; cent brebis et quelques chèvres. De neuf sabres, le plus célèbre et qui passa ensuite à Ali, s'appelait *Dhoulfikar*. C'était un sabre à deux lames divergentes vers la pointe ; trois lances, trois arcs, sept cuirasses, trois boucliers, un étendard *(liwa)* blanc, et un autre noir appelé *okab* (aigle noir) : c'est le même que l'on a conservé jusqu'à nos jours, à Constantinople, sous le nom de *Sandjak Cherif* (drapeau illustre). Un manteau *(borda)*, qui est aussi conservé dans Stamboul sous le nom de *Kherkaï Cherifch*, est, dit-on, le même que l'apôtre donna au poëte Ca'b qui avait écrit son panégyrique.

« Un prophète, avait dit Mahomet, ne « laisse point d'héritage à sa famille sur « la terre. Ses biens appartiennent à sa « nation. »

Et il légua au trésor public son troupeau de chameaux et son troupeau de brebis. C'était tout ce qu'il possédait.

# XXIII

Neuf ans après la mort du Prophète, les autels du feu étaient à jamais éteints sur la terre des mages; la croix était abattue à Damas, à Jérusalem, à Antioche, à Edesse, à Alexandrie; l'empire des Perses était effacé de la terre, et les plus belles provinces de l'empire greco-romain, la Syrie et l'Egypte, avaient subi le joug des musulmans (1).

(1) H. Martin.

Deux siècles plus tard, l'Islamisme prêché et armé régnait sur les trois arabies, conquérait à l'unité de Dieu la Perse, le Khorasan, la Transoxiane, l'Inde occidentale, la Syrie, l'Egypte, l'Ethiopie, tout le continent connu de l'Afrique septentrionale, plusieurs des îles de la Méditerranée, l'Espagne et une partie de la Gaule.

Jamais, s'est écrié Gœthe, l'immortel sceptique allemand, je n'avais pu voir un imposteur dans ce prophète de l'Orient.

Et Carlyle proclame Mahomet un des demi-dieux de son culte des héros : un de ces hommes providentiels qui ont légitimement enchaîné ou fasciné une partie de l'espèce humaine.

On a remarqué, et avec raison, que les premiers temps de l'Islam offrent des exemples d'une grande pureté de mœurs et d'un spiritualisme qui semblent incompatibles avec les voluptueuses promesses du paradis mahométan.

On se demande aussi pourquoi le peuple arabe, au temps de Mahomet, n'a rien voulu accepter du christianisme et du judaïsme, religions alors dominantes dans le monde. Ne devons-nous pas en conclure que l'action civilisatrice sortie du Coran était la seule possible sur cette terre longtemps dominée par la monstrueuse théogonie du désert.

# XXIV

Virgile reçut la vie le jour même où Lucrèce la quitta. L'âme du chantre de la nature, disait-on, à Rome, avait passé dans le corps de l'auteur des *Géorgiques*.

Si nous étions partisan du merveilleux, à la façon de Pythagore, ne pourrions-nous pas croire aussi qu'un souffle de Jésus avait passé dans l'esprit de Mahomet.

Et il y avait tant de similitude dans le

commencement de la mission de l'apôtre, entre la profession de foi du Coran et la profession de foi du chrétien, que les premiers sectateurs de Mahomet à la Mecque s'étant réfugiés pour fuir la persécution en Abyssime, les Abyssiniens, déjà convertis au christianisme, reçurent les mahométans comme des demi-chrétiens (1).

« Qu'est-ce que cette religion nouvelle pour laquelle vous fuyez votre patrie, demanda aux réfugiés coraïtes le *Négusch* d'Abyssinie, en présence de ses évêques.

« — Nous étions plongés dans les ténèbres, répondirent les Arabes. Un homme illustre et vertueux de notre race est venu ; il nous a enseigné l'unité de Dieu, le mépris des idoles, l'horreur des supers-

(1) Lamartine.

titions de nos pères ; il nous a commandé de fuir les vices, d'être sincères dans nos paroles, fidèles à nos promesses, bienfaisants à nos frères ; il nous a interdit d'attenter à la pudeur des femmes, de dépouiller les veuves et les orphelins ; il a prescrit la prière, l'abstinence, le jeûne, l'aumône.

« — C'est comme nous, dit le roi ; pourriez-vous nous répéter, de mémoire, quelques-unes des paroles mêmes de cet apôtre qui vous a enseigné sa religion ?

« — Oui, dit le Coraïte. Et il récita un chapitre du Coran où le miracle de la naissance de Jean, fils de Zacharie, est raconté dans le style même des Ecritures. »

Le roi et les évêques, ravis d'étonnement et d'édification, mouillaient leurs barbes de larmes d'émotion. « Voilà, dirent-ils, des paroles qui semblent couler de la même source que celle de l'Evangile! » Ils demandèrent aux réfugiés coraïtes! « Que pensez-vous de Jésus? »

Djafar, fils d'Abou-Taleb et cousin de Mahomet, répondit par ce passage du Coran : « Jésus est le serviteur de Dieu, l'envoyé du Très-Haut, son esprit, son verbe, qu'il a fait descendre dans le sein de la vierge Marie.

« — Miracle! s'écrièrent le roi et ses évêques; entre ce que tu viens de dire du Christ et ce qu'en dit notre religion, il n'y a pas l'épaisseur de ce brin d'herbe de différence! Allez, et vivez ici en paix. »

## XXV

Homme extraordinaire pour son époque, Mahomet attache à son culte la plus sublime des croyances. Au milieu d'un peuples d'idolâtres, il proclame l'idée d'un seul Dieu ! Il enchaîne la foi de l'avenir par le dogme de l'immortalité de l'âme : il entraîne ses disciples au mépris de la mort et leur inspire ce courage d'une âme forte qui ne sait pas pleurer un bien d'une aussi courte durée que la vie. Leur arrêt, d'ailleurs, est d'avance prononcé : qu'importera le fer ennemi, s'il est écrit qu'il doit les laisser invulnérables!...

Est-ce là cette loi universelle qui pèse sur tous les êtres, ou le *fatum* des anciens?

Au commencement de la persécution, on avait vu des néophytes, étendus sur le dos par de fanatiques bourreaux, le visage tourné vers un soleil brûlant, avec un bloc de pierre sur la poitrine pour étouffer la respiration, s'écrier : « Il n'y a qu'un Dieu! »

Après la mort, un séjour éternel de voluptés s'ouvre pour le musulman, possesseur prédestiné. Cours d'eau, jardins de verdure, belles vierges, festins splendides, tout cela appartient au serviteur de Dieu qui puisera sans cesse à la coupe du plaisir une amoureuse et renaissante ivresse!

La raison doit-elle rejeter tout d'abord ces folies séduisantes? N'y trouverons-nous pas plutôt, avec les docteurs musulmans, un sens allégorique, « un acheminement » vers le bonheur suprême? N'était-ce point surtout une satisfaction des sens libéralement et judicieusement donnée à ces misérables pasteurs d'Arabie mourant souvent de soif au désert! Le Coran place au premier rang les jouissances spirituelles : le plus favorisé de Dieu sera celui qui verra sa face soir et matin, félicité qui surpassera tous les plaisirs du corps comme l'Océan l'emporte sur une larme de sueur.

Dans l'esprit de Mahomet, des biens d'un ordre plus élevé que ceux de la volupté des sens, la félicité mentale des vérités éternelles et la contemplation perpétuelle de Dieu, sont réservés aux hommes vertueux. « L'âme qui a été imbue de ces perfections, savoir : la sagesse, la tempérance, la force et la justice n'aura pas plus tôt quitté le corps qu'elle sentira en elle-même une volupté infinie et une joie immense. Elle deviendra comme un de ces anges qui approchent le plus près de la divinité (1).

L'œuvre du Prophète fut d'extirper, chez ses compatriotes, le sabeïsme, l'idolâtrie et les croyances hébraïques, gnostiques, sabelliennes. L'Arabie avait toujours repoussé le culte des chrétiens, et, phénomène étonnant, c'était le monde romain vainqueur qui avait accepté les dogmes de l'Orient vaincu, de cette race sémitique mère des trois grandes religions du globe. Mahomet comprit que

(1) Ecchelensis Synopsis proposit. philosoph. arab. p. 75.

d'une terre essentiellement théocratique où s'étaient produites les plus merveilleuses transfigurations des races humaines devait sortir un révélateur conquérant. Il fallait soulever ces hordes sans nationalités, mais croyantes, et, dans un irrésistible élan, les rendre maîtresses du monde au milieu d'un vaste prosélytisme armé !...

## XXVI

Les livres orthodoxes de l'Islam sont bien peu connus en Europe; pour plusieurs peuples d'Occident, les musulmans ne sont encore aujourd'hui que de fanatiques et grossiers sectaires. On oublie trop que huit siècles nous séparent des croisades, temps d'héroïques folies qui firent toutefois connaître ces soldats du Coran regardés d'abord comme des *monstres*, dont on admira la valeur, la générosité, et que l'on proposait plus tard pour modèles aux disciples dégénérés du Christ.

Nous ne nous proposons pas d'exalter, dans cette étude, l'islamisme aux dépens de la religion chrétienne. Mais qu'il nous soit permis d'attaquer ici des préjugés d'un autre âge en étudiant, de bonne foi, l'œuvre d'un sage réformateur que l'on ne doit plus, de nos jours, appeler le *Dieu Mahom*. Nous éloignerons ainsi de sottes incriminations d'imposture si souvent déversées par l'ignorance sur le génie. Les grands comédiens passent sans laisser de traces dans l'histoire de la pensée humaine. Et Mahomet avait réussi, en moins d'un siècle, à pousser, dans une immense expansion, ses fidèles d'Arabie sur les trois continents de l'ancien monde.

Voudrons-nous donc oublier toujours que nous sommes nés au pays de Voltaire, l'*homme-siècle*, qui détesta si cordialement les fanatiques, les intolérants... et les sots?

## XXVII

Le Coran, qui commande de combattre la religion avec l'épée, est tolérant pour les religieux. Il a exempté de l'impôt les patriarches, les moines et leurs serviteurs. Mohammed défendit spécialement à ses lieutenants de tuer les moines parce que ce sont des hommes de prière. Quand Omar s'empara de Jérusalem, il ne fit aucun mal aux chrétiens. Quand les croisés se rendirent maîtres de la ville sainte, ils massacrèrent sans pitié les musulmans et brûlèrent les juifs (1).

(1) MICHAUD, *Histoire des Croisades.*

Il est triste pour les nations chrétiennes que la tolérance religieuse, qui est la grande loi de charité de peuple à peuple, leur ait été enseignée par les musulmans. C'est un acte de religion de respecter la foi d'autrui et de ne pas employer la violence pour imposer une croyance (1).

Les musulmans, a dit Robertson dans son *Histoire de Charles-Quint*, sont les seuls enthousiastes qui aient uni l'esprit de tolérance avec le zèle du prosélytisme, et qui, en prenant les armes pour propager la doctrine de leur Prophète, aient permis à ceux qui ne voulaient pas la recevoir de rester attachés aux pratiques de leur culte. »

Et cependant, on a représenté Mahomet

(1) L'abbé Michon, *Voyage religieux en Orient.*

comme l'apôtre de l'intolérance, prêchant sans cesse l'extermination des infidèles. Nous verrons, en parcourant les principaux passages du *Livre*, quelle est la valeur de ces accusations toujours dictées par un aveugle esprit de parti.

Dans le verset 257 du Chapitre II, *la Vache* (1), le Prophète s'adresse à ceux des musulmans qui voulaient forcer leurs enfants, demeurés idolâtres, à embrasser l'Islam.

« Point de contrainte en religion. La vraie route se distingue assez de l'erreur. »

V. 286 : Dieu n'imposera à aucune âme un fardeau qui soit au-dessus de ses forces. Ce qu'elle aura fait sera allégué

(1) Ainsi intitulé parce qu'il y est question de la vache que Moïse avait ordonné aux Israélites d'immoler.

pour elle ou contre elle. Seigneur, ne nous punis pas des fautes commises par oubli ou par erreur. Efface nos péchés, pardonne-les-nous, aie pitié de nous. Tu es notre Seigneur. Donne-nous la victoire sur les infidèles.

CHAPITRE III.— *La Famille d'Imran.*

V. 78 : Dis : nous croyons en Dieu, à ce qu'il nous a envoyé, à ce qu'il a révélé à Abraham , Ismaël, Jacob et aux douze tribus ; nous croyons aux livres saints que Moïse, Jésus et les Prophètes ont reçus du Ciel ; nous ne mettons aucune différence entre eux, nous sommes résignés à la volonté de Dieu. *(Nous sommes musulmans).*

V. 98 : Attachez-vous tous fortement à Dieu et ne vous séparez jamais de lui ; et souvenez-vous de ses bienfaits lorsque, ennemis que vous étiez , il a réuni vos cœurs, et que, par les efforts de sa grâce, vous êtes tous devenus un peuple de *frères*.

CHAPITRE IV. — *Les Femmes.*

V. 160 : Mais les hommes de science solide parmi les *juifs* et les *chrétiens*, ainsi que les croyants qui croient à ce qui a été révélé à toi et avant toi, ceux qui observent la prière, qui font l'aumône, qui croient en Dieu et au jour dernier, à tous ceux-là nous accorderons une récompense magnifique.

CHAPITRE V. — *La Table* (1).

V. 51 : Les gens de l'Évangile jugeront selon l'Évangile. Ceux qui ne juge-

(1) Le titre de cette sourate lui vient du miracle opéré par Jésus-Christ, qui, à la prière des Apôtres, fit descendre du ciel une table couverte de mets.

ront pas d'après un livre de Dieu seront infidèles.

CHAPITRE XXIX.— *L'Araignée.*

V. 45 : N'engagez des controverses avec les hommes des Écritures que de la manière la plus honnête, à moins que ce ne soient des hommes méchants. Dites : nous croyons aux livres qui nous ont été envoyés, ainsi qu'à ceux qui vous ont été envoyés. Notre Dieu et le vôtre est *le même*, et nous nous résignons entièrement à sa volonté.

## XXVIII

Nous savons que Mahomet a poussé ses disciples contre ceux qui ne *croient point*, les impies et les méchants. Son *infâme*, à lui, c'était l'idolâtrie. Mais il n'entra jamais dans la pensée de l'apôtre arabe d'imprimer à ses commandements un caractère farouche et sanguinaire. Ordonner le massacre des vaincus, les conversions violentes et la dévastation des pays conquis, n'était-ce pas condamner l'Islamisme à ne jamais se propager au-delà des frontières de l'Arabie?

Le 25 décembre 640, Alexandrie était emportée après quatorze mois de résistance. On raconte qu'à la suite de ce siége, la bibliothèque fut brûlée, et ses livres auraient servi, dit-on, à chauffer les bains publics. Vous connaissez aussi le fameux dilemme prêté à Omar consulté par son lieutenant Amrou sur la destination à donner aux livres trouvés dans la ville : « Si ces livres sont conformes au Coran, qu'on les brûle comme inutiles; s'ils sont contraires, comme dangereux. »

Les historiens n'ont pas tous adopté, à ce sujet, les mêmes impressions. Ce fait, raconté par des écrivains arabes postérieurs de six siècles à l'évènement, paraît apocryphe, non-seulement à cause du silence des auteurs contemporains, mais parce qu'il est démenti par des preuves certaines.

Alexandrie possédait anciennement deux bibliothèques, celle des Ptolémées et celle du Sérapion. La première avait péri dès la prise d'Alexandrie par Jules-César, ou s'il en avait été sauvé quelque chose, ces débris avaient été détruits à l'occasion du second incendie du Bruchium sous l'empereur Aurélien. La bibliothèque du Sérapion, qui devait son origine à Marc-Antoine, et dont le noyau se composait de la bibliothèque des rois de Pergame, avait été brûlée en 390. Ainsi ce qui fut trouvé par Amrou dans Alexandrie ne peut avoir été très-considérable.

Le lieutenant d'Omar était non pas un *barbare* mais un des hommes les plus remarquables qu'ait produits l'islamisme.

Amrou avait voulu *percer l'isthme de Suez !*...

Et il ne renversa les remparts d'Alexandrie qu'après l'avoir prise deux fois de vive force. Un nouveau soulèvement des habitants ramena le grand capitaine sous ces murailles, qu'il jura, cette fois, d'anéantir jusqu'à la dernière pierre. Il tint sa parole ; mais là où il avait arrêté ses soldats ivres de vengeance, il fondait la mosquée de Djami-el-Rahmet *(mosquée de la Miséricorde)*.

# XXIX

*Ahadoun! ahadoun!* (il n'y a qu'un seul Dieu) s'écriaient au combat de Bedr les hommes de l'Yémen imbus, jusque-là, des plus grossières superstitions. Et partout, dans son livre, Mahomet annonce la grandeur de l'être suprême. Ces fragments épars du Coran, dictés selon les besoins du moment, ne furent d'abord que des proclamations ; on les a comparés au testament de César pouvant s'adapter aux circonstances mais offrant aussi quelques contradictions.

Le fondateur de l'Islam enseigna que la pensée de sa mission avait été en Dieu de toute éternité, et que sa doctrine n'était autre que la croyance déjà révélée aux grands prophètes. Il devait être, lui, le dernier, « plus grand que Jésus même créé dans le temps comme les autres hommes. » Jésus était un prophète par excellence, la parole de Dieu, le serviteur parfait de son père, mais, comme Adam, il avait été formé de poussière.

Mahomet ne rejette point les révélations authentiques des juifs et des chrétiens; toutefois, il ne paraît pas comprendre le mystère de la Trinité...

« Dieu a envoyé le fils de Marie accompagné de signes évidents et fortifié par l'esprit de sainteté. (Sourate II, v. 254.)

« Ils (les juifs) n'ont point cru à Jésus;

ils ont inventé contre Marie un mensonge atroce.

« Les anges dirent à Meriem : Dieu t'a choisie, il t'a rendue exempte de toute souillure, il t'a élue parmi toutes les femmes de l'univers. »

Pour l'apôtre arabe, la vierge chrétienne est immaculée.

Dans la sourate XVI, l'*Abeille*, sont rappelées les merveilles de la création. « C'est lui qui a produit des couples de toute espèce ; c'est lui qui fait descendre du ciel l'eau bienfaisante ; par elle, il fait germer les plantes et les palmiers élevés dont les branches retombent avec des dattes, en grappes suspendues. Il est le dispensateur de tout bien ; il n'a créé les mortels et les génies qu'afin d'être glorifié ; il sait ce qui est passé, ce qui doit arriver, ce que renferme le cœur de l'homme et les secrets de l'avenir. »

On a souvent reproché à Mahomet la doctrine des décrets éternels. Mais, au-dessus du destin musulman plane toujours l'invincible loi de la mort !

« O Prophète, s'écriaient quelques disciples, puisque Dieu a marqué nos places d'avance, nous pouvons avoir confiance et négliger nos devoirs moraux et religieux.

« Non, répondait l'apôtre, non, parce que les gens heureux font de bonnes œuvres, et les malheureux de mauvaises. »

N'est-ce point là le principe de libre volonté dans les actions humaines ?

L'homme, sollicité en sens inverse par la grâce céleste et les séductions infernales, reste maître de sa destinée. Le musulman a la vie terrestre pour choisir entre ces deux attractions, et suivant qu'il cède à l'une ou à l'autre, son âme s'envole, à sa mort, dans les régions bienheureuses, ou va tomber dans les gouffres habités par le désespoir.

On doit savoir gré à Mahomet, a dit M. Œlsner, auteur d'une remarquable appréciation du Coran, d'avoir consacré, quoique à sa manière, la croyance de l'immortalité de l'âme. Peu d'hommes sont appelés à vivre dans la mémoire de l'univers. Notre existence paraît bien méprisable lorsqu'elle ne se rattache pas à quelque grande pensée d'avenir.

## XXX

On a prétendu, à tort, que les femmes étaient exclues de la vie future. « Quiconque fait une bonne action, et qui est, *en même temps*, croyant, qu'il soit homme ou femme, nous lui accorderons une vie heureuse. (S. XVI, v. 99.)

. . . . . Dieu a préparé des récompenses magnifiques à celles qui pratiquent la vertu. »

Mahomet laissa subsister la polygamie, coutume aussi ancienne que le monde oriental, mais il réduisit à quatre le nombre des femmes légitimes : « Si vous craignez de n'être pas équitables envers les orphelins, n'épousez, parmi les femmes qui vous plaisent, que deux, trois ou quatre. »

L'état de la femme condamnée, dans tout l'Orient, à une humiliante infériorité, est relevé par le prophète arabe. Pourrait-on l'accuser de n'avoir pas compris l'amour maternel lorsque nous l'entendrons adresser aux femmes ce touchant hommage : *Un fils gagne le paradis aux pieds de sa mère !*

Le consentement mutuel, devant témoins, assure la validité du mariage; mais il est prohibé avec les infidèles et à certains degrés de parenté :

« N'épousez point les femmes idolâtres tant qu'elles n'auront pas cru. Une esclave croyante vaut mieux qu'une femme libre idolâtre, quand même celle-ci vous plairait davantage. Ne donnez point vos filles aux idolâtres tant qu'ils n'auront pas cru.

« Il vous est permis d'épouser les filles honnêtes des croyants et de ceux qui *ont reçu les écritures avant vous*, pourvu que vous leur donniez leur récompense. Vivez chastement avec elles en vous gardant de la débauche et sans prendre de concubines.

« N'épousez pas les femmes qui ont été les épouses de votre père ; n'épousez pas votre mère, vos filles, vos sœurs, vos tantes, vos nièces, vos nourrices, vos sœurs de lait, ni les mères et les filles de vos femmes, ni les épouses de vos fils, ni les deux sœurs. »

Mais ce n'est point un crime pour les

croyants d'épouser les femmes de leurs fils adoptifs, après leur répudiation.

« Celui qui n'est pas assez riche pour épouser des femmes honnêtes et croyantes prendra des esclaves croyantes.

« Que ceux qui ne peuvent trouver un parti à cause de leur pauvreté vivent dans la continence jusqu'à ce que Dieu les ait revêtus de sa faveur... Ne forcez point vos servantes à se prostituer.

« Heureux sont les croyants qui savent commander à leurs appétits charnels! »

L'épouse adultère est lapidée; l'homme, s'il est marié, subit le même supplice. Dans les cas contraires, il est banni ou condamné à cent coups de fouet. La déclaration de quatre témoins est nécessaire.

Le divorce est autorisé : mais il faut, pour qu'il devienne irrévocable, trois déclarations successives à un mois de distance. Si le mari répudie sa femme trois fois, il ne lui est permis de la reprendre que lorsqu'elle aura épousé un autre mari, et lorsque celui-ci l'aura répudiée à son tour. La femme ne peut recourir au divorce qu'en cas de mauvais traitements.

« Si vous désirez changer une femme contre une autre et que vous ayez donné à l'une d'elles cent dinars, ne lui en ôtez rien. Voudriez-vous les lui arracher par une injustice et une iniquité évidentes?

« Si ceux qui meurent laissent des femmes, elles doivent attendre quatre mois et dix jours. Ce terme expiré, vous ne serez point responsables de la manière dont elles disposeront honnêtement d'elles-mêmes. »

## XXXI

Dans le chapitre IV, concernant les héritages, le Coran s'exprime ainsi :

« Les hommes doivent avoir une portion des biens laissés par leurs pères et mères et leurs proches ; les femmes doivent avoir aussi une portion de ce que laissent leurs pères et mères et leurs proches. Que l'héritage soit considérable ou de peu de valeur, une portion déterminée leur est due. »

Nous sommes loin de cette odieuse

coutume qui permettait aux parents pauvres, avant Mahomet, d'enterrer leurs filles vivantes!

« Les père et mère du défunt auront chacun le sixième de ce que l'homme laisse, s'il a laissé un enfant; s'il n'en laisse aucun et que ses ascendants lui succèdent, la mère aura un tiers; s'il laisse des frères, la mère aura un sixième, après que les legs et les dettes du testateur auront été acquittés. Vous ne savez pas qui de vos parents ou de vos enfants vous sont plus utiles.

« Dieu vous commande, dans le partage de vos biens entre vos enfants, de donner aux garçons la portion de deux filles. S'il n'y a que des filles, et qu'elles soient plus de deux, elles auront les deux tiers de ce que le père laisse; s'il n'y en a qu'une seule, elle recevra la moitié.

« A vous, hommes, la moitié de ce que laissent vos épouses, si elles n'ont pas d'enfants ; et si elles en laissent, vous aurez le quart après les legs qu'elles auront faits et les dettes payées.

« Elles (les femmes vos épouses) auront le quart de ce que vous (les maris) laissez après les legs que vous aurez faits et les dettes payées, si vous n'avez pas d'enfants ; et si vous avez des enfants, elles auront le huitième de la succession. »

Les veuves ne doivent donc plus faire partie de cette succession du père de famille ; elles recevront tout ce qui leur est nécessaire pendant un an, reprennent le don nuptial et obtiennent une part des biens du défunt.

## XXXII

Le Coran devint le code sacré, la source de toute législation. Majestueux en la forme, par la magnificence de ses paroles, il capte l'imagination, exalte les courages. A côté du monde idéal, il fait une large part aux passions de la terre. Le Coran était, en même temps, un instrument politique bien propre à consolider la puissance temporelle de son auteur.

Il se rapprochait du mosaïsme dans l'unité de Dieu, la vénération des prophètes, les anges, les bons et les mauvais esprits, les ablutions et purifications, les jeûnes, les pèlerinages, la règle du *kebble*, c'est-à-dire la direction du corps vers l'Orient pendant la prière. Le code religieux, civil et criminel des Arabes, contenant des réglements politiques, administratifs et d'économie sociale, répond à tout ce qui intéresse la vie publique et privée d'un peuple. C'est l'unique fondement de la jurisprudence imposée aux croyants. Il se complète par les autres sources du droit, la *Sunnah* (la coutume), le *Cacunameh* et l'*Ourf*.

L'*Usul-ed-Din*, partie dogmatique du Coran, nous le donne comme le livre par excellence « dernier venu de Dieu », supérieur au pentateuque de Moïse, aux psaumes de David et au Nouveau-Testament. Nous trouvons, dans cette partie, l'unité absolue du créateur et ses attributs.

Les anges sont des messagers divins : ils mourront, comme toutes les créatures, pour être ressuscités au jour du jugement. L'imagination des Arabes, qui nous rappelle trop la foi naïve du grossier moyen-âge, voyait partout le démon provoquer l'homme au mal, et, dans l'enfer, hideux et féroce, s'acharner à sa torture ; alors, elle se rejetait avec épouvante dans les bras d'anges protecteurs.

Au premier rang se trouvent *Gabriel* ou l'esprit saint ; *Michel*, l'ange de la révélation ; *Azariel*, l'ange de la mort ; *Israful*, l'ange de la résurrection. Après eux, viennent les génies bons et mauvais (Djinns). Le chef des démons musulmans est *Iblis*, le *Satan* des juifs et l'*Arihman* des mages, qui déjà, avant le Prophète, avaient peuplé de houris le séjour de la béatitude.

Dans l'*Usul-Eddin*, nous trouvons encore l'apostolat de Mahomet, la prédestination, la chute d'Adam, la vie future commençant par la résurrection de tous les êtres même des animaux, le jugement dernier, le paradis, le purgatoire; les peines de l'enfer, si Dieu le veut, peuvent ne pas être éternelles.

Le *Feru-Eddin* ou partie pratique prescrit : l'ablution et la purification du corps pendant la prière annoncée du haut du minaret par la voix du muezzin, *l'appel de l'âme à l'âme ;* la consécration du vendredi au service de la mosquée, ainsi que les jours de fête, le jeûne du Rhâmadan, l'abstention du vin, des liqueurs fermentées, des animaux morts, du sang fluide et de la chair de porc. Il y a, aussi, la prohibitionabsoluedetoute représentation d'être vivant, du jeu et du prêt à intérêt, les aumônes ordonnées par la loi, le pèlerinage à La Mecque, la célébration solennelle de certains jours et mois, la guerre sacrée pour la propagation de l'islam, et, enfin, certaines prescriptions relatives à des actes civils et criminels.

## XXXIII

On s'étonnera, peut-être, de voir régner l'esclavage dans les pays musulmans, le Prophète ayant toujours prêché en faveur de la liberté et de l'égalité humaines. Un historiographe de Mahomet a écrit les lignes suivantes qui sont une juste appréciation de sa pensée.

Ce qui lui acquit ses premières forces, ce fut la première prédication qu'il fit jamais au monde, en laquelle il publia que la volonté de Dieu était que tous les hommes fussent libres ; et, au sortir de la chaire, il donna la liberté à Zeidimi, son esclave. Alors accoururent à lui les esclaves de toutes parts.

Plus loin, le même écrivain ajoute : « Il prêchait partout que Dieu voulait que chacun vécût en sa liberté. »

Cependant Mahomet, tout en proclamant les droits naturels de l'homme à la liberté, n'a point aboli l'esclavage. Ne faut-il pas en accuser les disciples et les interprètes de sa doctrine qui oublièrent trop les maximes fraternelles du maître.

Mais cet esclavage ne ressemble point, de nos jours, à l'esclavage antique tel qu'on le comprenait à Athènes, par exemple, où l'esclave, chose mobilière, était « moins que vil » (1) ; ou bien à

(1) *Répub. ath.*

Rome où on le plaçait dans la classe « du bétail » (1). Les lois romaines avaient fait de l'esclave un meuble parlant *(instrumentum vocale)*. Ici, le droit de vie et de mort existe pour le maître, mais il ne l'exercera que bien rarement. La loi s'occupe sagement de la position de la mère, de l'enfant issu d'esclaves ou d'un commerce avec le maître, et toute latitude est laissée à celui-ci lorsqu'il veut affranchir.

On ne trouve point ces « nuées de marchands d'esclaves » qui suivaient Alexandre jusque dans l'Inde, César jusqu'au fond de la Belgique. Les *ergastules* n'existent pas.

Aujourd'hui encore les esclaves sont nombreux au Maroc ; ils viennent presque tous du Soudan. Les autorités veil-

(1) *Digeste*, XI, 4, *lex aquilia*.

lent sur la façon dont ils sont traités par leurs maîtres. Il est interdit d'user de violences envers eux, et lorsqu'un noir a des motifs réels de plainte contre son propriétaire, celui-ci est souvent contraint de le mettre en vente. Cette vente a lieu sur un vaste emplacement appelé *Foire aux gazelles*; les notaires dressent séance tenante les actes intervenus à cette occasion entre les contractants, et les acquéreurs entrent immédiatement en possession.

## XXXIV

Mahomet avait promis une récompense, dans la vie future, à ceux qui apprendraient, par cœur, les versets du livre sacré ; aussi, les premiers fidèles le possédèrent-ils bientôt tout entier de mémoire. De là, cette diversité d'interprétations qui créa tant de variantes dans les copies du Coran. Sous Othman, les anciens disciples et compagnons du Prophète, *Eshaben*, en donnèrent une dernière édition : quelques-uns de ces livres ont été écrits sur des peaux de gazelle. Les savants Zeïd, Abdallah, Saad et Abd-Errhâman rédigèrent quatre copies des feuillets conservés par Aïscha, veuve de Mahomet, les envoyèrent dans les quatre coins du monde, et les exemplaires antérieurs furent brûlés.

La civilisation arabe avait suivi cette loi de progression qui constitue le développement moral des sociétés ; le Coran devint insuffisant en présence des questions de dogme et de jurisprudence créées par les idées nouvelles. L'œuvre de Mahomet ne se trouva point défigurée par la main inhabile des commentateurs ; toutefois, le silence ou l'obscurité de quelques textes donnèrent naissance à plusieurs systèmes d'interprétation. Nous trouvons, dans les *hedith*, les faits et gestes du Prophète et les leçons qu'il fit entendre à ses disciples. Dans le *Idjmoë-ümmet* sont comprises les décisions rendues par les quatre premiers successeurs de Mahomet. Le *Kiyas*, enfin, est le recueil des interprétations émanées des kalifes du premier siècle de l'hégire. Ces trois éléments sont la base fondamentale de la doctrine juridique des *Sunnites*. Quant aux *Schiites*, les traditions venues d'Ali forment la seule autorité devant laquelle ils s'inclinent. Ce sont les deux sectes les plus considérables.

Les musulmans, nous dit M. Reynaud, prétendent que la religion des mages s'était divisée en soixante-dix croyances différentes, que le judaïsme en comptant soixante-et-onze, le christianisme soixante-douze, l'islamisme doit en renfermer soixante-treize.

Selon les Schiites, le droit héréditaire de

royauté appartient aux descendants d'Ali, royauté passée, plus tard, entre les mains usurpatrices des Ommiades et des Abbassides. Les Sunnites n'admettent point ce droit et n'accordent que la quatrième place au kalife Ali.

Une autre différence entre les deux sectes est dans la solution de cette question : « Un musulman, dans les cas extrêmes où sa vie est en danger, peut-il ne pas confesser ou nier sa religion? » Les Schiites soutiennent qu'il le peut, s'autorisant des paroles mêmes du Coran; mais les Sunnites considèrent comme réprouvé l'acte de nier sa foi.

Les Schiites admettent encore, contrairement à leurs adversaires, que Dieu a bien la prescience, c'est-à-dire connaît d'avance la destinée future de chaque homme, mais que les actions humaines ne sont point irrévocablement enchaînées. Ils reconnaissent donc dans l'homme la liberté d'action, le libre arbitre. L'opulente imagination des Grecs avait su créer tout un peuple de divinités; en personnifiant, avec un art exquis, la puissance des éléments, ils avaient représenté aussi l'humanité. Cependant dans cette gracieuse compagnie d'immortels domine le destin immuable, cruel, impénétrable. La foi musulmane aurait-elle pu accorder ce principe de *nécessité* avec la notion d'un Dieu tout puissant, créateur de la matière, gouvernant tout par sa providence et réparant dans une vie meilleure les infortunes de celle-ci. Mais cette idée d'un destin absolu, aveugle, sans justice, sans miséricorde, accusait la négation même de la divinité : elle menait droit au matérialisme. Le *Jehovah* des juifs était féroce, inexorable; l'islam, nous l'avons dit, enseignait la résignation, la soumission aux décrets éternels; ce ne fut que par une interprétation forcée que le fanatisme amena les disciples les moins éclairés au dogme du fatalisme.

Les différences que nous avons signalées ne sont pas les seules qui existent chez les sectaires musulmans. Ils se séparent sur plusieurs points de droit privé et sur quelques pratiques du culte en ce qui regarde les ablutions, les purifications, les prières, le pèlerinage, les successions.

La secte schiite se divise elle-même en huit branches; les Sunnites comprennent les Hanéfites, les Schafiites, les Malékites, les Henbélites.

Le *Moukhtasar*, ou précis de jurisprudence de Khalil ben Ishak ben Iakoub, est le code le plus estimé des jurisconsultes malékites.

## XXXV

Les idées de philosophie et d'organisation sociale trouvèrent chez les musulmans des interprètes éclairés et sages ; empreintes de justesse, elles sont exprimées avec beaucoup d'originalité.

« La réunion des hommes en société, disent-ils, n'a d'autre but que de se prêter des secours mutuels. A cette fin, ils ont besoin de gouvernement. Le but du gouvernement est de maintenir l'ordre, de réprimer l'injustice, de prononcer sur les différends, de faire jouir tout le monde de ce qui lui appartient et de mettre chacun à sa place. Il n'y a de bon gouvernement que celui qui cherche à mettre en activité et à développer toutes les facultés humaines. Cela n'arrivera pas dans un gouvernement qui, existant par une longue succession, ne tendra qu'à conserver ce qui existe, ni dans un gouvernement d'usurpation ; celui-ci emploiera la terreur et la corruption pour se maintenir. Il n'y a qu'un gouvernement actif et libéral qui fasse le bonheur des citoyens. L'exercice du pouvoir doit être confié à une seule personne distincte : cette personne s'appelle pontife ou roi. Il importe peu que le roi exerce son emploi par lui-même pourvu qu'il fasse de bons choix. Il n'est pas nécessaire qu'il soit législateur ou grand homme : un seul de cette espèce peut suffire pour plusieurs siècles. Mais chaque siècle a besoin d'un directeur sensé. Pour prétendre au pouvoir suprême, il faut avoir le cœur d'un père · de la fermeté dans le caractère, l'amour de la gloire, une patience à toute épreuve, l'esprit d'entreprise, des richesses et des amis fidèles. »

L'*Araïs* d'Emeli, en classant les différents gouvernements, s'exprime ainsi :

« De toutes les formes irrégulières, la plus bizarre c'est la république ; elle convient aux hommes à forte passion ; voilà pourquoi cette forme devient quelquefois épidémique ; il en résulte des agrégats de plusieurs peuples. Dans les temps brillants, il s'y élève de grands orateurs, des hommes célèbres et vertueux. Mais, parmi les formes de l'ignorance, la plus puissante de toutes est celle qui prétend à l'égalité absolue, car elle fait croître également bien ce qu'il y a de plus parfait et ce qu'il y a de plus méchant dans la nature humaine. »

On peut, d'après ce même auteur, partager la société en quatre ordres. Le premier se compose des maîtres de la plume, qui sont les savants, les jurisconsultes, les poëtes, tous ceux qui soutiennent et propagent les idées de droit, d'ordre public, les connaissances et les lettres; c'est le tempérament flegmatique, *l'eau.*

Le second ordre comprend les maîtres de l'épée, les défenseurs de la sûreté intérieure et extérieure : c'est le tempérament colérique, *le feu.*

Les maîtres du mouvement constituent le troisième ordre avec les commerçants, les artisans et tous ceux qui, par leur activité, facilitent les rapports entre les peuples : c'est le tempérament sanguin, *l'air*.

Viennent ensuite les maîtres du sol pères nourriciers des trois autres ordres, propriétaires et cultivateurs : c'est le tempérament mélancolique, *la terre*.

Les appuis d'un état bien ordonné sont d'abord les honnêtes gens de toutes les classes ; puis ceux des maîtres de la parole qui enseignent la morale ; puis les *préciseurs*, c'est-à-dire jurisconsultes, géomètres, médecins ; puis les défenseurs qui veillent à la sûreté publique, puis les propriétaires.

Ici, les maîtres du mouvement ne sont pas nommés.

« Enseignez la science, s'écriait, à son tour, Moas-ben-Djebel ; celui qui l'enseigne craint Dieu, et qui la désire, l'adore; qui dispute pour elle, livre un combat sacré; qui la répand, distribue l'aumône aux ignorants, et qui la possède devient un objet de vénération et de bienveillance.

« La science sert de sauvegarde contre l'erreur et le péché ; elle éclaire le chemin du paradis ; elle est notre confidente dans le désert, notre compagne dans le voyage, notre société dans la solitude ; elle nous garde à travers les plaisirs et les peines de la vie, nous sert de parure auprès de nos amis et de boucliers contre l'ennemi. C'est par elle que le Tout-Puissant élève les hommes qu'il destine à prononcer sur ce qui est vrai, sur ce qui est honnête et bon. Les anges briguent leur amitié et les couvrent de leurs ailes. Les monuments de ces hommes sont les seuls qui restent, car leurs hauts faits servent de modèles et sont répétés par les grandes âmes qui les imitent.

« La science est le remède contre les infirmités de l'ignorance, un fanal consolateur dans la nuit de l'injustice ; c'est par elle que des esclaves, franchissant les distances, ont escaladé la cîme des félicités du monde présent et à venir.

« L'étude des lettres vaut le jeûne, et leur enseignement vaut la prière. A un cœur noble, elles inspirent des sentiments plus élevés, et elles humanisent les pervers. »

# XXXVI

En lisant ces passages remarquables, si on se reporte à la brillante époque des royautés arabes d'Espagne, on reconnaît que l'esprit de domination, soutenu par la force et le glaive, n'inspira pas seul les sectateurs de l'islam. Une conquête plus précieuse que celle des armes les attendait : celle des trésors intellectuels d'où sortent ces grandes œuvres qui ne se coulent pas en bronze ou en airain, mais qui viennent présider aux destinées des nations. Il était réservé aux peuples sémitiques, que ni les Grecs ni les Romains n'avaient pu soumettre, d'être les précepteurs de l'Europe alors grossière, et les gardiens de la science : les Arabes sont, au moyen-âge, les seuls représentants de la civilisation. Le mahométisme victorieux, instruit par le christianisme d'Orient, venait, à son tour, apporter la lumière aux peuples d'Occident.

Héritiers des Grecs, les Arabes n'eurent point de philosophie à eux, mais ils contribuèrent, pour la plus large part, à l'introduction des idées d'Aristote, en devinrent les commentateurs et exercèrent une influence considérable sur la scolastique. La fameuse querelle des réalistes et des nominalistes, la philosophie d'Albert-le-Grand, les théories mystiques du moyen-âge pourraient, avec raison, être revendiquées par les écoles arabes. On venait de toutes les parties de l'Europe, bravant les périls et les obstacles, dans ces grandes universités.

Leur langue était la langue savante de l'Orient ; leur poésie inspirera les *minnesingers* et nos troubadours provençaux.

L'étude des sciences exactes commença sous le kalife Almanzor. Les Nestoriens, poursuivis pour crime d'hérésie, avaient enseigné la littérature grecque aux Syriens, plus tard les maîtres des Arabes. L'École d'Edesse, qui doit servir de modèle aux bénédictins du Mont-Cassin et de Salerne, forme d'intelligents disciples dans l'étude des sciences médicales. Le mathématicien Hégiaz ben Yousef, de la célèbre École de Bagdad, traduit, le premier, Euclide. Almamoun, l'*Auguste des*

*Arabes*, fils d'Haroun, ce magnifique ami de Charlemagne, ordonne la révision de l'*Almageste* de Ptolémée.

## XXXVII

Parmi les principaux philosophes brillent Al-Kendi, de Bosra, Al-Farabi, surnommé le *second instituteur de l'intelligence;* le célèbre médecin Avicenne; le sceptique Al-Gazel, de Thous, qui combat, avec force, l'aristotélisme au profit du mysticisme mahométan. Al-Gazel ne révoque point en doute la révélation ; il reconnaît les droits sacrés de la raison, mais il ajoute : « Les vérités consacrées par la raison ne sont pas les seules ; il y en a d'autres auxquelles notre entendement est absolument incapable de parvenir ; force nous est de les accepter, quoique nous ne puissions les déduire, à l'aide de la logique, de principes connus. Il n'y a rien de déraisonnable dans la supposition qu'au-dessus de la sphère de la raison, il y ait une autre sphère, celle de la manifestation divine. »

Abou-Bekr, de Cordoue, développe, d'une manière originale, dans son roman philosophique de l'*Homme de la nature*, la doctrine enthousiaste de l'intuition néo-platonicienne ; enfin, Averrhoës, son disciple, le grand admirateur d'Aristote et de Galien, se place à la tête des philosophes arabes par sa subtilité, sa pénétration et sa profonde science.

Ismaël Aboulféda, Massoudi, Edrisi, résument, dans leurs savants ouvrages, d'importantes observations dont ils enrichissent la géographie.

Au commencement du XI$^{e}$ siècle, le centre des travaux scientifiques se déplace : l'École de Bagdad s'efface devant celle du Caire.

Al-Birouni, le conseiller aimé de Mahmoud-le-Gaznévide, apprend chez les Hindous les sublimes révélations de l'Inde ancienne et moderne.

Vers 999, Djewheri, le *maître suprême de la langue*, avait publié le dictionnaire le plus parfait qu'aient eu les Arabes.

Les cinquante mêcamât ou séances d'Hariri sont encore célèbres dans tout l'Orient.

Nous avons déjà cité, au commencement de cet ouvrage, les grands poëtes de la période anté-islamique : Imroulcaïs, Tarafa, Antara, Lebid, l'*Homère des Mec-*

*quois*, qui, dans leurs moàllaeàs, par les figures hardies, les comparaisons variées de leurs chants enthousiastes, serviront de modèles aux siècles suivants. Ces bardes du désert avaient célébré la vie nomade de cette époque primitive où, pour une prise de possession de tribu, le chef *faisait aboyer sa meute;* le rayon sonore de cette étrange proclamation traçait aussitôt celui d'un domaine interdit aux troupeaux d'alentour. . . . . . . . . .

. . . . . . . . . . . . . . . . . . . . . .

## XXXVIII

Au moyen-âge, nous le répétons, la nation des Arabes seule sert la cause du monde civilisé : partout, sur ses pas, se développent la population, le commerce, l'industrie. Ils couvrent de vastes contrées d'écoles savantes, de manufactures actives, de jardins et de palais magnifiques où, dédaignant l'architecture gothique, ils font ressortir de la combinaison des lignes tous les caprices de la plus riche imagination.

Au temps de la splendeur du royaume de Grenade, l'art arabe avait atteint son apogée. L'Alhambra en est l'expression la plus haute. L'extérieur simple et imposant du palais est conforme aux habitudes du Maure qui fuit les regards étrangers; l'entrée n'est qu'un arc immense décoré de quelques emblèmes et d'une inscription qui rappelle le nom du fondateur de l'édifice. De vastes galeries peintes et dorées, ornées d'arcades de toutes formes, sont découpées en festons, en stalactites et chargées de dentelles en stuc. La salle des ambassadeurs, le cabinet des Infantes, la tour de Comarès, la cour et la fontaine des Lions, la cour de l'Alberca, offrent à la vue d'admirables effets; ici, l'eau jaillit à travers des millions de colonnettes élégantes, isolées ou groupées de la manière la plus pittoresque; là, elle se répand dans des rigoles de marbre; elle forme tantôt des cascades, tantôt des jets élancés, et alimente des bassins dans les *patios* entourés d'arbustes et de fleurs. Partout des inscriptions, habilement combinées avec les sculptures, expriment des sentiments nobles, élevés, et ajoutent un nouveau prestige aux merveilles de ce palais que les rois chrétiens ont en partie détruit (1).

L'Europe emprunte aux Arabes l'algèbre et ces chiffres que l'on aurait dû, à plus juste titre, appeler *indiens*, plusieurs nouveautés en mécanique, des remèdes connus d'eux seuls, enfin les principes de l'alchimie, de la physique et d'une astro-

(1) Sédillot, *Histoire des Arabes*.

nomie qui n'était que l'astrologie judiciaire. Les hommes de science enfantine ou subtile d'alors, poursuivaient, avec une ardeur fébrile, le secret de faire de l'or, ou cherchaient à lire les destinées humaines dans les étoiles. Voyez les savants dévoiler aux initiés respectueux et frémissants les mystères sublimes du ciel ou les noirs secrets de l'enfer; ils mettent dans la main de l'adepte la clé merveilleuse qui doit ouvrir les trésors du monde visible et les arcanes du monde inconnu.

Les Arabes communiquent aux nations qu'ils subjuguent leur féconde industrie, apportent les plantes et les arbres de l'Orient, et dotent successivement l'Italie, la France et l'Allemagne de la chevalerie, dont on a cherché l'origine, ainsi que celle de la féodalité, dans les forêts de la Germanie ; quelque fantaisie d'érudit l'avait fait sortir d'une phrase de Tacite (1). Louis XI, huit siècles plus tard, les imitera en donnant à la France l'institution de la poste.

(1) Tacit. *de Mor. Germ.* c. 13.

## XXXIX

Au huitième siècle, les musulmans dominent du rocher de Gibraltar aux bords de la Loire. Suivant Gibbon, le génie d'Abdérame dédaigne encore ces étroites limites, et son armée formidable inonde la France dont il a déjà conquis la moitié. La fortune d'un seul homme couvre la chrétienté dans ces champs de Poitiers où, pendant six jours d'une lutte incertaine, se joue la destinée du monde. Abdérame vaincu a marqué de son sang la décadence et le terme des progrès des Sarrasins en France.

Au douzième siècle, au cri de guerre poussé par Pierre l'Hermite, ce fou inspiré, la lutte recommence. Chevaliers, bourgeois, gens de métier, paysans, aventuriers, femmes, enfants, six cent mille fantassins *des deux sexes* sont jetés en Asie ; étrange amas de peuples rappelant ces émigrations des Cimbres qui firent trembler Rome. Sur ce nouveau champ de bataille, la valeur musulmane se défend brillamment, conduite à la victoire par le héros Saladin.

La domination arabe dure, en Espagne, jusqu'au XV^e^ siècle. Enivrés par le succès, les Maures avaient affaibli la vigueur de leurs institutions militaires et perdu leur esprit belliqueux. Il fallut, cependant, une guerre qui ne dura pas moins de huit cents ans, et plus de trois mille combats, avant d'arriver à leur chute. Mais tandis que l'Espagne revenait à ses anciens possesseurs, les Turcs, par la prise de Constantinople, mettaient en question le sort de l'Europe comme au temps du fameux Wali de Cordoue.

En 1492, Ferdinand reçoit la soumission des maures de Grenade. Le traité de paix promet solennellement l'égalité de tous les sujets du territoire et la tolérance de la religion musulmane. Le fougueux Ximénès viole la foi jurée : le fer contraint à l'apostasie les sectateurs du Prophète. Le clergé arrache enfin l'édit d'expulsion, et cent mille hommes traqués au nom du Christ, en Espagne, jetés par la tempête en Afrique, pillés sur ces côtes inhospitalières, périssent de faim et de misère. Le fanatisme catholique poussa un cri de triomphe : l'empire mahométan était anéanti. Mais cette odieuse extermination avait aussi enlevé à l'Espagne son industrie et son commerce. La lumière fatale des bûchers de l'inquisition devait bientôt éclairer l'irrévocable décadence de la monarchie espagnole . . . . . . . . . . . . . . .

. . . . . . . . . . . . . . . . . . . . . .

Bayle n'avait-il pas raison de s'écrier : « Le plus grand spectacle qui nous soit retracé par l'histoire est, sans aucun doute, celui des progrès des mahométans. Quoi de plus frappant, en effet, que l'empire des Sarrasins s'étendant depuis le détroit de Gibraltar jusqu'aux Indes ? A-t-il subi les vicissitudes et l'instabilité ordinaire de la grandeur? Contemplez les Turcs d'un côté, et les Tartares de l'autre, soutenant la gloire et la renommée de Mahomet. »

## XL

Nous avons essayé, en racontant dans cette étude la naissance et les progrès de l'islamisme, de faire connaître son apôtre, Mahomet. Par lui avait été magnifiquement proclamée, dans la péninsule arabique, la toute puissance de l'Être suprême : du Coran était sortie la grande pensée de l'unité musulmane.

Les Arabes, aux jours de leur prospérité, dotèrent le barbare moyen-âge d'une admirable civilisation : ils firent oublier cette monstrueuse société romaine qui longtemps avait corrompu, épouvanté le monde. Vaincus par les barbares du Nord, ils devaient, à leur tour, les asservir au point de vue de l'intelligence.

Aujourd'hui, l'islamisme, maître de l'Asie et de l'Afrique, a, depuis plusieurs siècles, réparé la perte de l'Espagne par ses conquêtes en Europe. Nous voyons, sous l'impulsion puissante d'un Sultan éclairé, un travail fécond de transformation régénérer la Turquie; et nous ne pensons pas que, pour elle, ait sonné l'heure fatale de la décadence. On a pu le dire, avec raison, le sang ottoman est riche, généreux; le courage militaire, le dédain de la mort et les sublimes sacrifices du patriotisme, tout cela reste encore à la Turquie. Et, il y a quelques années à peine, le canon de Sinope rappelait à l'Europe comment les musulmans savent mourir.

La Perse est, en Orient, le pays de l'extrême tolérance. Les Persans sont braves, humains, hospitaliers ; ils cultivent avec ardeur les lettres et enseignent, dans de nombreux collèges, les langues arabe, turque et persane, l'éloquence, la poésie, la médecine. Les ressources de ce pays sont imposantes, et, au moment du danger, autour d'un valeureux souverain, viennent se grouper les khans des peuplades nomades.

Les Persans sont les Français de l'Asie.

Nous ne saurions passer sous silence les importantes réformes opérées, depuis plusieurs années, en Tunisie, l'état musulman le plus peuplé et le mieux cultivé de l'Afrique septentrionale. La haute sagesse du Bey Mohammed-Essâdok, que secondent d'habiles ministres, sait faire entrer son peuple chaque jour plus avant dans nos mœurs européennes.

L'Empire du Maroc est resté pur de toute domination étrangère; Méquinez, Fez et Maroc ont encore quelque splendeur. Fez est aujourd'hui un des derniers asiles des lettres orientales; cette ville possède une bibliothèque remplie de précieux manuscrits.

L'Égypte, au glorieux passé, va réaliser enfin, par le percement de l'isthme fameux, le rêve du kalife Amrou!!

Nous terminerons cette étude en donnant quelques extraits tirés d'un ouvrage arabe remarquable qu'Abd-el-Kader adressait de Brousse au président de la Société asiatique de France :

« Tous les prophètes, depuis Adam

jusqu'à Mohammed, se sont accordés sur les points fondamentaux. Tous ont proclamé l'unité de Dieu et l'obligation de lui rendre un culte. Tout ce qui est sur la terre, disent-ils, est son ouvrage; quant à lui, il existe par lui-même. Une même pensée leur est commune, c'est de prêcher le respect pour la divinité et la charité pour sa créature. Les modifications qui sont survenues à différentes époques portent sur des principes de circonstance, des dispositions qui ont été utiles dans un moment et qui ne le sont plus dans un autre. Il en a été de cela comme des ordonnances d'un médecin : aujourd'hui, il prescrit une potion; demain, il en prescrit une autre. Sans compter que Dieu est le maître suprême et qu'il juge mieux que nous de ce qui convient et de ce qui ne convient pas. En ce sens, on peut dire que chaque religion est bonne pour l'époque où elle a été révélée ; les modifications qu'elle a subies portent sur des dispositions transitoires et n'altèrent en rien le caractère de la personne qui avait reçu de Dieu la mission de propagation.

« Mohammed s'est ainsi exprimé : — Je ne suis pas venu pour abolir le Pentateuque ni l'Évangile; mais pour leur donner le dernier complément. Le Pentateuque renferme des dispositions extérieures et appropriées aux masses ; l'Évangile contient des dispositions intérieures et particulières aux personnes qui cherchent la perfection. J'admets les unes et les autres ; je maintiens la peine du talion, gage de sécurité pour vos vies. Voilà pour les dispositions extérieures et générales. En même temps, je recommande le pardon des injures, moyen excellent pour se rendre agréable à Dieu. Voilà pour les préceptes intérieurs et particuliers.

« On voit, qu'au fond, ces trois religions n'en font qu'une, et que les dissidences qui les séparent ne portent que sur des points de détail. On pourrait les comparer aux enfants d'un même père, qui sont nés de mères différentes. Rejeter ces trois religions, rejeter une partie et en admettre l'autre, c'est de la petitesse. Si les musulmans et les chrétiens voulaient m'en croire, ils se mettraient d'accord; ils se traiteraient en frères, et pour le fond et pour la forme. »

Noble langage bien digne du *moderne Jugurtha* !!!



FIN

PHILIPPEVILLE. — TYPOGRAPHIE [illegible]
Rue du Cirque, 3

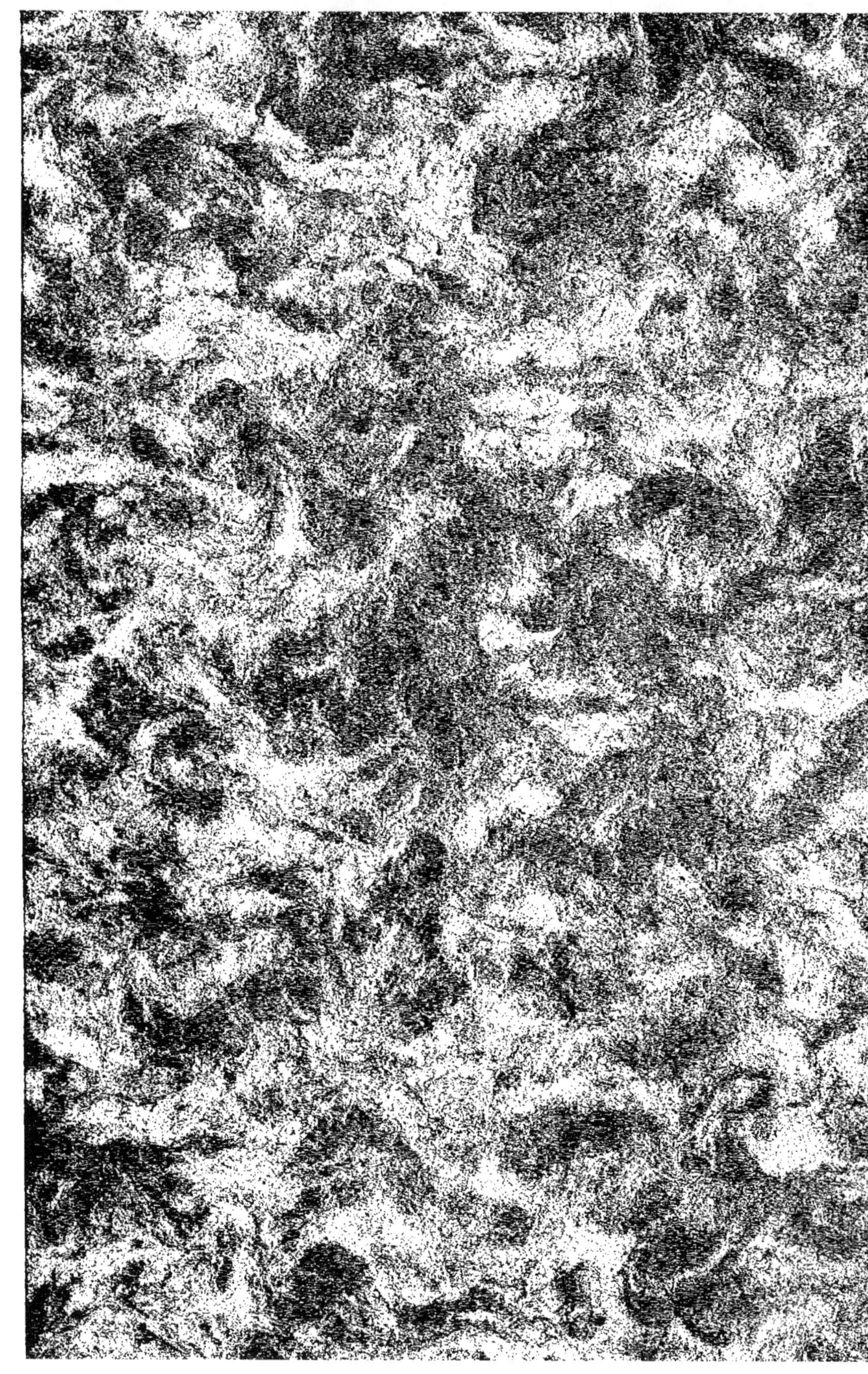

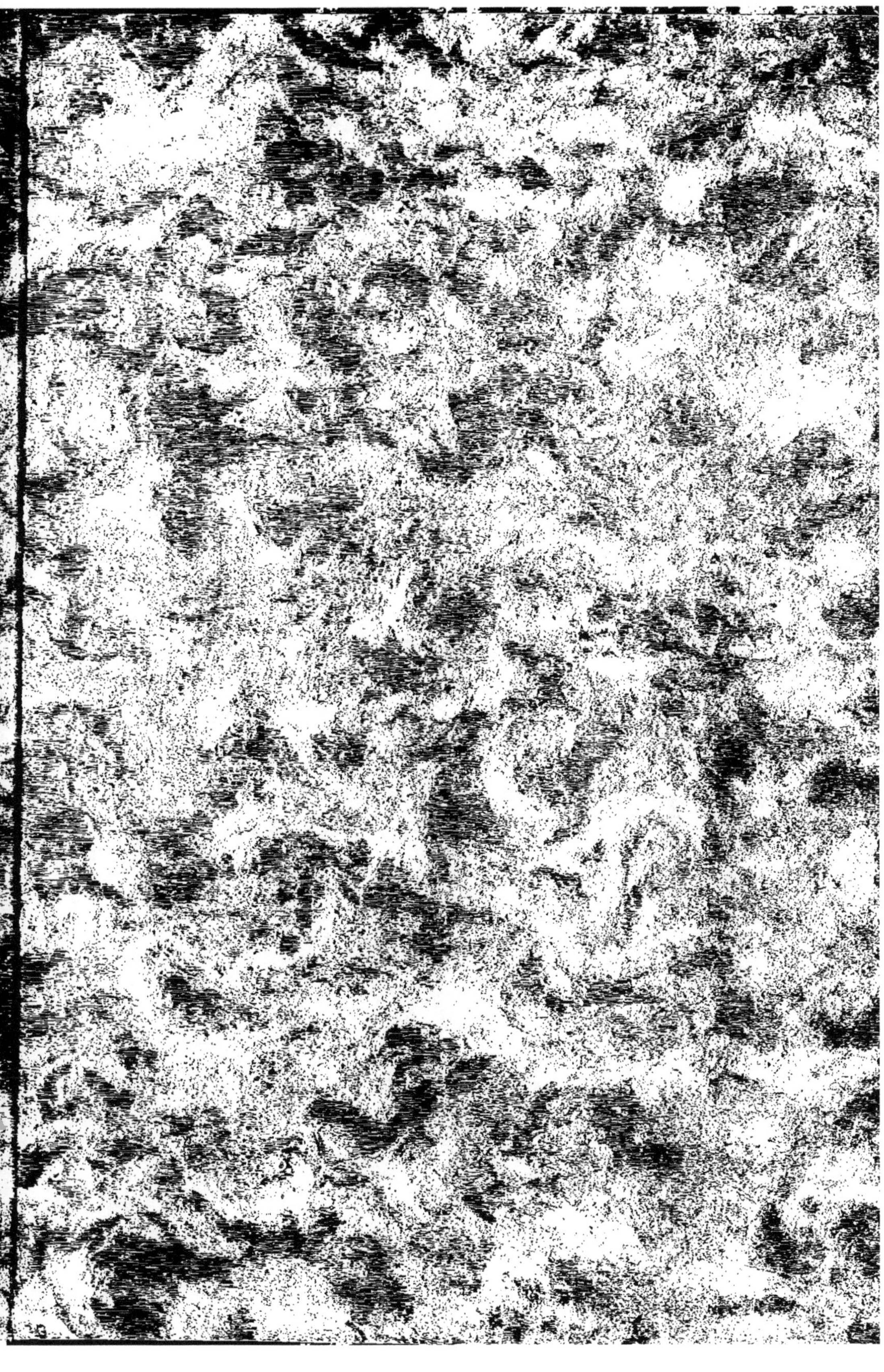

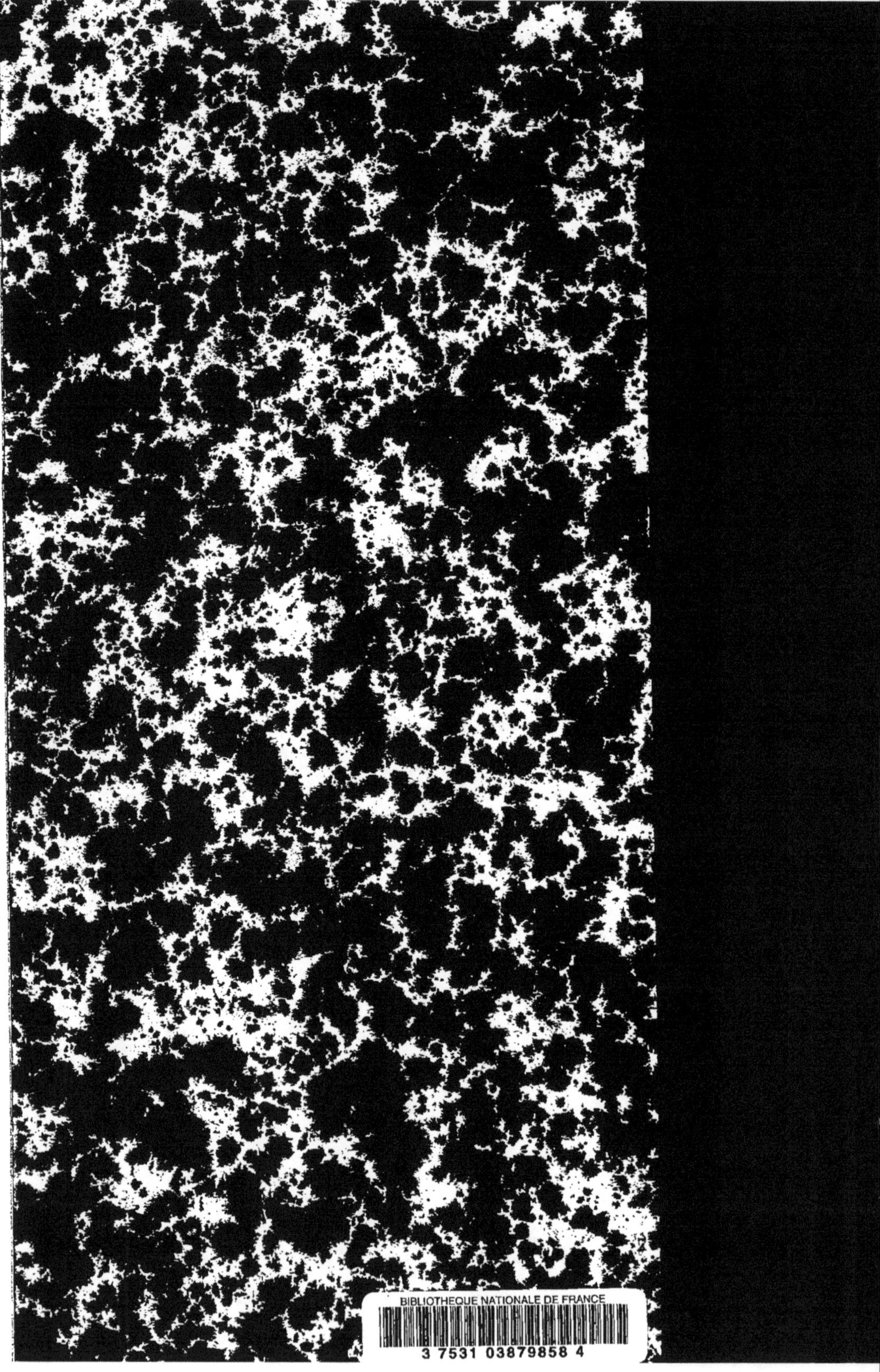

www.ingramcontent.com/pod-product-compliance
Ingram Content Group UK Ltd.
Pitfield, Milton Keynes, MK11 3LW, UK
UKHW012216240726
13966UKWH00003B/788